全国亿万学生阳光体育运动课外活动指导书

青少年冰雪运动推广丛书　　总主编 朱志强

短道速滑

哈尔滨体育学院　组编

本册主编　陈文红

高等教育出版社·北京

大众冰雪运动系列丛书编委会

总 主 编：朱志强
编　　委：阚军常　陈文红　李滨东

本册主编：陈文红
编　　委：许　磊　李双玲　范宏文
视频采集：罗跃新
动作示范：随宝库　刘秋宏　刘释友　李俊达　钟宇晨
　　　　　程　龙　朱厚全　魏秋雨　薛志文

大众冰雪运动系列丛书审委会

宋嘉林　王石安　严　力

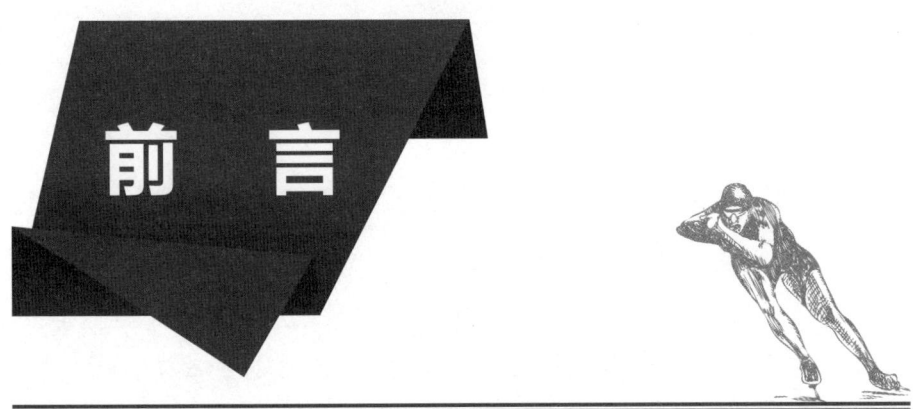

前言

冰雪运动是一项在冰上和雪上进行的贴近大自然,具有季节性和其独特魅力的运动。

随着2022年北京奥林匹克冬季运动会申办成功,《体育发展"十三五"规划》《冰雪运动发展规划(2016—2025年)》等体育政策文件相继颁布,我国冰雪运动迎来了大发展时代。为了更好地贯彻落实习近平总书记提出的"三亿人参与冰雪运动"的号召,普及大众冰雪运动,推动冰雪运动发展,让青少年看得懂、学得会,我们编写了《青少年冰雪运动推广丛书》。丛书以奥林匹克冬季运动会15个大项为主要内容,挑选易在大众中普及推广的项目,如短道速滑、速度滑冰、滑雪等项目进行介绍和基本练习指导。丛书立足零基础的儿童、青少年,通过简明的文字、生动的图片和二维码视频,呈现给读者冰雪运动项目的比赛规则、观赛礼仪、器材场地等基本知识,陆上、冰雪上的基本训练方法,以及组织练习和游戏的方法。

丛书由哈尔滨体育学院组织编写。哈尔滨体育学院是国内最早开展冰雪教学、科研、训练的高校,先后为国家培养出了罗致焕、王金玉、刘凤荣、申雪、赵宏博、王曼丽、刘佳宇、张义威、王濛、刘秋宏、隋宝库等世界级运动竞技人才,为我国冰雪体育事业的发展做出了突出贡献。本次丛书编写工作汇集了哈尔滨体育学院十余名资深冰雪项目专家,由校长朱志强教授和副校长阚军常教授,两位冰雪运动研究领域博士生导师担任总主编和主要编委,确保丛书编写的质量。

本册所介绍的短道速滑，是我国冰雪运动项目中的优势项目、金牌项目，也是冰上运动的基础项目。掌握好短道速滑基础技术后，可根据个人爱好及运动能力，选择速度滑冰、速度轮滑等其他冰上项目进行练习。它可以四季进行，对场地要求是冰雪运动中最少的，比较容易开展。

本册主编陈文红，从事短道速滑教学训练30多年，先后完成教材及学术著作9部，现任黑龙江省短道速滑协会副主任，全国体育院校运动训练专业考试专家库成员。

拍摄视频、图像采集得到哈尔滨体育学院现代化教育中心罗跃新老师，以及曾担任过国家短道青年队教练员、国家队助理教练员的现哈尔滨学院短道队主教练范宏文老师的大力支持，为本教材的编写奠定了良好的基础。图片及视频中动作示范者包括：刘秋宏，短道速滑世界冠军，2014年索契冬奥会闭幕式旗手，2018年平昌冬奥会火炬手；隋宝库，短道速滑世界冠军，获得中华人民共和国体育运动荣誉奖章；还有优秀的短道速滑运动员刘释友、李俊达、程龙、钟宇晨、薛志文、朱厚全、魏秋雨。在此一并表示衷心感谢！

冰雪运动资深专家，原哈尔滨体育学院教授、党委书记宋嘉林，沈阳体育学院王石安教授，黑龙江省体育科研所副所长严力，为本书审定提供了大力支持，在此表示由衷的感谢！

最后衷心希望我们的努力对冰雪运动习练者、爱好者有所帮助。

编 者

2018年2月

目 录

第一章 认识短道速滑 / 001
一、定义……………………………………………002
二、国际主要赛事简介……………………………003
三、国内主要赛事简介……………………………006
四、国内短道速滑名将简介………………………008
五、观赛须知………………………………………010

第二章 场地、装备与器材 / 013
一、场地……………………………………………014
二、装备与器材……………………………………016
三、冰刀的研磨……………………………………018

第三章 练习方法及安全教育 / 021
一、练习的基本形式………………………………022
二、练习方法………………………………………022
三、安全教育………………………………………026

第四章　陆上练习 / 029

一、准备活动与整理活动 …………………………………… 030

二、身体素质练习 …………………………………………… 037

三、技术练习 ………………………………………………… 048

第五章　冰上练习 / 057

一、准备活动与整理活动 …………………………………… 059

二、技术练习 ………………………………………………… 059

三、专项素质练习 …………………………………………… 092

第六章　比赛规则 / 095

一、主要规则 ………………………………………………… 096

二、违规行为 ………………………………………………… 097

三、比赛时间估算方法 ……………………………………… 098

第七章　趣味性游戏 / 099

一、传球接力 ………………………………………………… 100

二、步调一致 ………………………………………………… 100

三、猫捉老鼠 ………………………………………………… 100

四、小场地 8 字滑 …………………………………………… 101

五、眼镜滑行 ………………………………………………… 101

附录：短道速滑全国纪录与冬奥会纪录 / 102

第一章
认识短道速滑

- 一、定义
- 二、国际主要赛事简介
- 三、国内主要赛事简介
- 四、国内短道速滑名将简介
- 五、观赛须知

第一章 认识短道速滑

> **知识窗**
>
> 实现我国冬季运动项目奥林匹克冬季运动会金牌"零突破"的是由黑龙江省入选国家队的短道速滑运动员杨扬。她也是获世界冠军奖牌最多的一位运动员。
>
> 王濛是短道速滑历史上破世界纪录最多的中国运动员。

一、定义

短道速滑起源于19世纪八九十年代的加拿大,后来逐渐在欧美国家广泛开展,1992年被列为奥林匹克冬季运动会(简称冬奥会)比赛项目。它是我国冰雪运动的优势项目。

短道速滑又称短跑速度滑冰,是一项比速度、比技术、比战术、比心理的冰上竞赛项目。比赛中,运动员身着紧身防切割连体服,头戴安全头盔,手戴防切割手套在冰面上飞驰。比赛采取集体出发多轮次淘汰赛形式,在跑道任何位置均可以进行超越与反超越,最终以到达终点线名次决定胜负。

比赛时场上局势瞬息万变,超越与反超越频繁发生,令人目不暇接,竞争异常激烈,胜负常在毫厘之间,极具观赏性。

经常参加短道速滑运动有助于提高人体心血管系统、呼吸系统和神经系统机能,具有强身健体、防寒御病、提高反应速度等作用,同时能培养坚毅顽强的意志品质和良好的团队意识。

二、国际主要赛事简介

1. 奥林匹克冬季运动会

冬奥会每四年举行一届。比赛项目如下。

个人比赛：(女子／男子)500米、1000米、1500米。
接力比赛：女子3000米，男子5000米。

冬奥会中，每个参赛国家或地区在每个运动项目的一个比赛小项中最多能获得3个参赛资格，短道速滑每队总参赛人数男女各不超过5名。冬奥会短道速滑500米、1000米比赛分预赛、1/4决赛、半决赛、决赛四轮进行；1500米分预赛、半决赛、决赛三轮进行；接力比赛分半决赛和决赛两轮进行，直至决赛决出名次。

冬奥会500米、1000米和1500米个人项目和女子3000米接力、男子5000米接力项目，按照半决赛成绩分A、B组，举行A、B组决赛。分设8个奥运会奖项，首先按照A组运动员或运动队的排名顺序即从第一到最后颁发；而在需要补充奥运会奖项位置时，则根据B组运动员或运动队排名的顺序，即从第一到最后进行递补。任何运动员或运动队如果没有完成A组或B组决赛，则没有资格获得奥运会奖项，如果这种情况导致获奖运动员或运动队少于8名，则位置空缺不再递补，奖项不再颁发。

知识窗

冬奥会短道速滑奖牌榜

短道速滑项目1992年在法国阿尔贝维尔第16届冬季奥林匹克运动会被列为正式比赛项目,截至2018年平昌冬季奥运会,短道速滑项目共经历了8届,各国获得奖牌情况见表1-1。

表1-1 1992—2018年冬奥会短道速滑各国奖牌统计(枚)

国家	金牌	银牌	铜牌	合计
韩国	24	13	11	48
中国	10	15	8	33
加拿大	9	12	12	33
美国	4	8	8	20
俄罗斯	3	1	2	6
意大利	2	4	5	11
荷兰	1	3	4	8
澳大利亚	1	1	4	6
日本	1	0	2	3
匈牙利	1	0	0	1

冬奥会短道速滑项目在中国的发展

2. 世界锦标赛

每年举行一次。比赛项目如下。

个人比赛(全能):(女子/男子)500米、1000米、1500米、3000米。
接力比赛:女子3000米,男子5000米。

在 500 米、1000 米、1500 米单项比赛中设 A 组决赛和 B 组决赛,决赛资格通过资格赛获得;3000 米比赛只进行一组决赛。接力比赛设 A 组决赛和 B 组决赛,决赛资格通过资格赛获得。世界锦标赛的竞赛日程为 3 天。

3. 世界杯赛

每赛季 6 站。比赛项目如下。

  个人比赛:(女子/男子)500 米、1000 米、1500 米。
  接力比赛:女子 3000 米,男子 5000 米。

世界杯赛是由短道速滑技术委员会负责组织的国际滑联比赛,是每个赛季都要举行的一系列的国际赛事,面向所有国际滑联会员国,至少要有 4 个会员国报名参赛。每个赛季在国际滑联的通知中公布附加的规则和详细说明。指定作为奥运会资格赛的世界杯赛有不同的比赛形式。世界杯赛的竞赛日程为 3 天。

4. 世界青少年锦标赛

每年举行一次。比赛项目如下。

  个人比赛(全能):(女子/男子)500 米、1000 米、1500 米、
    超级 1500 米。
  接力比赛:(女子/男子)3000 米。

每个会员国接力队由 4 名运动员组成。500 米、1000 米、1500 米单项比赛设 A 组决赛和 B 组决赛。500 米、1000 米决赛资格需通过资格赛获得,1500 米超级比赛只进行一组决赛。接力比赛设 A 组决赛和 B 组决赛。世界青少年锦标赛的竞赛日程为 3 天。

三、国内主要赛事简介

1. 全国冬季运动会

全国冬季运动会是冬季运动项目的全国综合性运动会，每4年举行一次。竞赛日程为3~5天。比赛项目分4类。

成年男子：500米、1000米、1500米个人赛，5000米接力赛。
成年女子：500米、1000米、1500米个人赛，3000米接力赛。
青年男子：500米、1000米、1500米个人赛，3000米接力赛。
青年女子：500米、1000米、1500米个人赛，3000米接力赛。

2. 全国冠军赛

全国冠军赛是全国最高层次的单项比赛，每年举行一次。竞赛日程为3天。比赛项目分4类。

成年男子：500米、1000米、1500米个人赛，5000米接力赛。
成年女子：500米、1000米、1500米个人赛，3000米接力赛。
少年男子：500米、1000米、1500米个人赛，3000米接力赛。
少年女子：500米、1000米、1500米个人赛，3000米接力赛。

各轮次比赛对男子、女子1500米各组成绩有限制规定，成绩差于限制规定标准的组成绩无效。

3. 全国锦标赛

全国锦标赛每年举行一次。竞赛日程为3天。比赛项目如下。

男子(全能):500米、1000米、1500米、3000米个人赛，5000米接力赛。

女子(全能):500米、1000米、1500米、3000米个人赛，3000米接力赛。

各轮次比赛对男子、女子1500米和3000米各组成绩有限制规定,成绩差于限制规定标准的组成绩无效。全国锦标赛成绩作为运动员参加全国冠军赛的报名依据。

4. 全国联赛

全国联赛每个赛季举办6~8站比赛,面向中国滑冰协会所属所有团体(非正式比赛)。竞赛日程为4天。比赛项目如下。

男子:追逐赛,500米、1000米、1500米个人赛,5000米接力赛。
女子:追逐赛,500米、1000米、1500米个人赛,3000米接力赛。

符合注册及年龄规定的运动员均可参加联赛追逐赛,排名前38位及乙组比赛各单项前2位的运动员有资格参加该站甲组比赛。追逐赛排名第39~62名的运动员,有资格参加该站乙组比赛。各轮次比赛对男子、女子1500米各组成绩有限制规定,成绩差于限制规定标准的组成绩无效。

5. 全国青少年锦标赛

全国青少年锦标赛每年举行一次。竞赛日程为3天。比赛项目如下。

个人比赛(全能):(女子/男子)500米、1000米、1500米、超级1500米。

接力比赛:(女子/男子)3000米。

严格按有关竞赛规程中规定的出生日期确定运动员参加比赛的组别。

四、国内短道速滑名将简介

1. 李琰

1966年9月出生于黑龙江省牡丹江市,12岁进入少年业余体校接受正规训练,成绩突出被选入牡丹江体工队。1984年在比赛中左腿膝关节肌肉全部断裂,但一年后奇迹般地重返冰场。1987年入选国家集训队。同年参加世界锦标赛,夺得全能第15名。在第15届冬奥会上,李琰除在表演赛中夺得一枚金牌外,还夺得两枚银牌,创造了1000米和1500米两项世界新纪录。退役后,她曾在多国担任短道速滑教练,在2006年被聘请回国担任短道速滑国家队总教练,经过两年的调整,李琰让低谷期的国家队在短道速滑项目上重新振作,成为强有力的金牌争夺者。她先后培养出王濛、周洋、武大靖等众多实力新秀,并带领他们多次出征奥运会,均取得了丰硕的成果。

2. 杨扬

1975年出生于黑龙江省汤原县,前中国女子短道速滑队运动员,她实现了中国冬季运动项目冬奥会金牌"零的突破"。

1984年,杨扬开始接受滑冰训练。1988年考入哈尔滨体育运动学校,练习短道速滑。1995年由黑龙江省队进入国家队。2002

年冬奥会上，她夺得了女子短道速滑500米比赛的金牌。同年在世界短道速滑锦标赛上，她夺得500米、1000米、1500米及个人全能项目4枚金牌，并实现了个人全能项目六连冠。杨扬在整个运动生涯里一共获得59个世界冠军，是迄今为止获世界冠军最多的中国运动员。2006年退役后她致力于公益事业，是运动公益基金"冠军基金"的发起人，并创办了安踏飞扬冰上运动中心。她还是世界反兴奋剂机构运动员委员会委员和国际滑联运动员委员会委员。2016年她以高票当选国际滑联速滑第一理事，成为国际滑联一百多年历史中首位女性速滑理事。

3. 王濛

1984年出生于黑龙江省七台河市，前中国女子短道速滑运动员，毕业于哈尔滨体育学院。2006年都灵冬奥会，她获得500米冠军，2010年温哥华冬奥会上获500米、1000米、3000米接力冠军。她是我国唯一一位在一届冬奥会上获4枚金牌的运动员，蝉联两届冬奥会500米冠军，书写了中国运动员在冬奥会上新的篇章。

她在500米项目中先后7次刷新世界纪录，1000米项目1次打破世界纪录，3000米接力率队友两破世界纪录，是短道速滑历史上破世界纪录最多的中国运动员。

4. 武大靖

1994年出生于黑龙江省佳木斯，中国男子短道速滑队运动员，短道速滑男子500米世界纪录保持者、奥运会纪录保持者。

他2004年开始练习短道速滑，2010年进入国家队。他在2014年、2015年两度夺得短道速滑世锦赛男子500米冠军，并夺得索契冬奥会短道速滑男子500米亚军、短道速滑男子5000米接力季军。在2017—2018赛季短道速滑世界杯上海站比赛中他夺得男子500米冠军和男子1000米冠军。2018年平昌冬奥会短道速滑男子500米决赛中他为中国赢得唯一一枚金牌。

五、观赛须知

（1）比赛时场内裁判穿冰刀鞋上冰，其中站中间的是裁判长，裁判长左、右两边的为副裁判长，对运动员滑行犯规情况进行判罚，裁判长的判罚是最终的判罚。两侧入弯道处各有3名弯道管理员，在保证运动员滑行安全的情况下对场地标志点进行及时准确摆放，同时对破损的冰面进行修补。

（2）发令员"预备"口令下达后，运动员静止到鸣枪的间隔时间为0.6~0.8秒，如运动员冰刀踏线、移动位置，没有明显静止，均被判罚犯规一次。如鸣枪时有人起跑犯规，发令员用笛声或鸣枪召回，警告犯规运动员后再次鸣枪出发，此时如果再次出现某一运动员起跑犯规，则取消该运动员该项比赛资格。运动员出发后至第一个弯道弧顶前因碰撞摔倒，发令员可以鸣笛召回，重新起跑。

（3）观众应提前入场、有序退场。有些场地、场馆对观众穿鞋有特殊要求，应提前了解，做好相应准备。不带易燃易爆等危险物品及酒瓶、刀具等物品入场；不带易拉罐等罐装物品入场；不带宠物入场。比赛结束后再有序离场。

（4）运动员做准备活动时赛场播放乐曲。比赛前三分钟，宣告员宣布比赛开始，介绍主要裁判，包括技术代表、裁判长、副裁判长、发令员、编排记录长，请观众保持安静。

（5）宣告员介绍运动员站位、公告成绩、调控比赛氛围时及发令员发出起跑口令时，观众不要大声喧哗，保持安静，保证比赛顺利进行。运动员在场地滑行时,观众不要打开闪光灯进行拍照,以免影响运动员滑行。运动员比赛竞争激烈时,场上名次瞬间会发生超越与反超越变化,观众应配合宣告员提示,为优胜运动员呐喊、加油。

(6) 对参赛运动员在比赛中的表现给予应有的礼遇。各项比赛颁奖升国旗、奏国歌时,观众应肃立致敬,对于各国的国旗、国歌,都应同样尊重。

第二章
场地、装备与器材

- 一、场地
- 二、装备与器材
- 三、冰刀的研磨

一、场地

1. 标准场地

短道速滑标准场地通常设置在 60 米 × 30 米的冰球场内,为椭圆形,周长 111.12 米,直道长 28.85 米,弯道半径 8.00 米,弯道计算半径 8.50 米,弯道点 1 间距 4.14 米,弯道点 2 间距 8.00 米,弯道点 3 间距 11.31 米,场地检验线 32.99 米。直道宽度不少于 7.00 米,弯道弧顶距离板墙不得少于 4.00 米。弯道弧度应是匀称的,从一条直道的终端到另一条直道的起点呈匀称的弧线。

为了保持冰面的质量,除标准跑道外,还设有另外 4 条跑道,每条跑道向标准场地的任一方整体移动 1 米或 2 米,跑道使用一条终点线,起点线、终点线设置见标准场地示意图(图 2-1)。在 500 米半决赛、决赛时,只能使用中间 3 条跑道。

起跑线和终点线与直道成直角,为彩色线,线宽不得超过 2 厘米。起跑线从板墙开始,长度相当于直道的实际宽度。终点线从板墙开始,长度相当于直道的实际宽度加 1.50 米。在起跑线上,从跑道内侧 50 厘米起,每隔 1.30 米用直径 2 厘米的圆点标志起跑位置,起跑线内侧设置 1 个起跑标志点,为红色,每条弯道设置 7 个黑色标志块,作为弯道的标志点。

场地四周要设置用防水防切割材料制成的复合防护垫,国际大赛冰场防护垫装置必须是可自然移动的,防护垫后面没有板墙,防护垫可在运动员发生碰撞时起缓冲作用。

2. 非标准场地

为促进短道速滑运动项目可持续发展,培养更多具有扎实基本

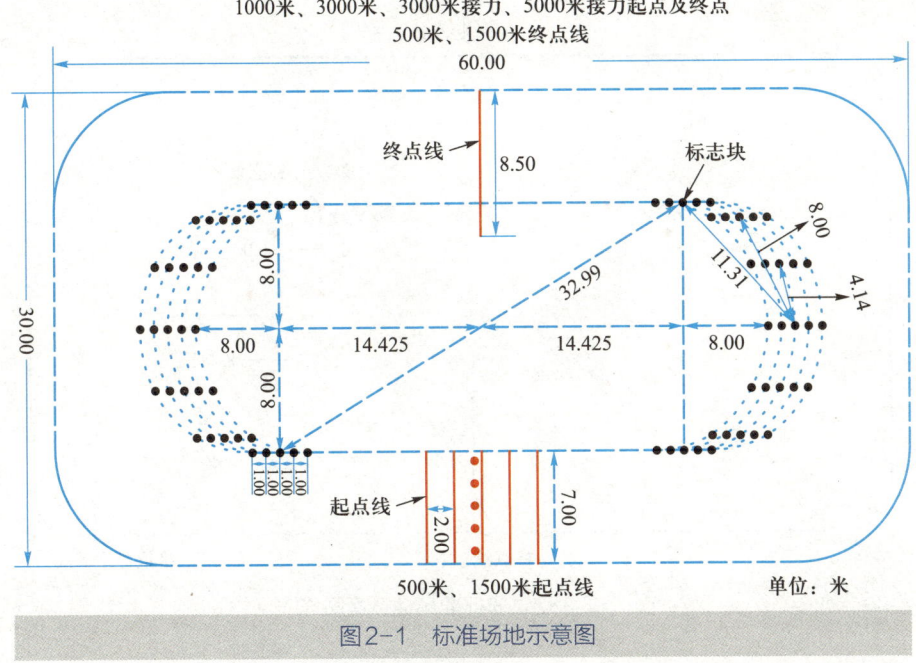

图2-1　标准场地示意图

功的后备人才,要从少儿时期技术训练入手,加强基本功训练。根据儿童少年不同时期生长发育特点,中国滑冰协会规定,在国内省、市级及全国性儿童少年比赛项目中设置技术滑,可以使用宽度少于30.00米,跑道周长84.10米的冰场,其直道的长度为21.64米,弯道半径6.00米,弯道点1间距为4.59米,弯道点2间距8.48米,场地检验线为24.74米(图2-2)。

3. 制冰要求与维护

无论冰场的制冷采取何种形式,在制冷排管铺设完毕后即可进行注水结冰。首先启动制冷机组,将冷却管中的载冷剂溶液的温度降低到-8℃,这时开始注水结冰,结冰速度以每天结冰厚度1厘米为佳,中途用冰车整修冰面并加入白色等颜料进行画线和图案绘制。一般比赛时冰温控制在-8℃～-5℃,冰厚3.5厘米左右,室温

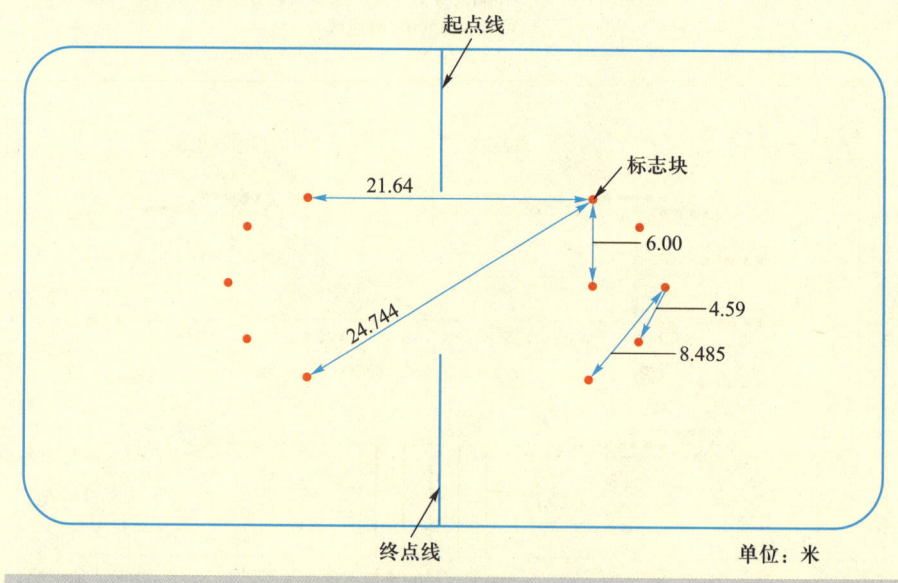

图 2-2　非标准场地示意图

15℃以上，相对湿度也由空调系统控制在 60%~70%。

二、装备与器材

比赛时为防止和减少运动损伤，佩戴防护用具及器材十分必要。所有练习者必须严格遵守竞赛规则的规定，佩戴相应装备。

1. 装备

(1) 安全头盔（图 2-3）

(2) 防切割手套（图 2-4）

▶ 图 2-3 安全头盔

▶ 图 2-4 防切割手套

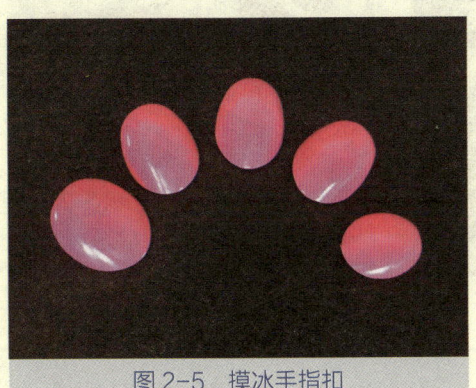

图 2-5 摸冰手指扣

图 2-6 防切割防扎护腿板

（3）摸冰手指扣（图 2-5）

（4）防切割防扎护腿板（图 2-6）

（5）防切割护颈（图 2-7）

（6）头盔号码套（图 2-8）

（7）防切割连体服（图 2-9）

（8）冰刀鞋（图 2-10）

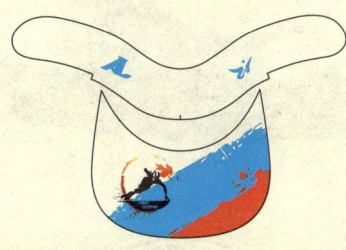

图 2-7 防切割护颈

图 2-8 头盔号码套

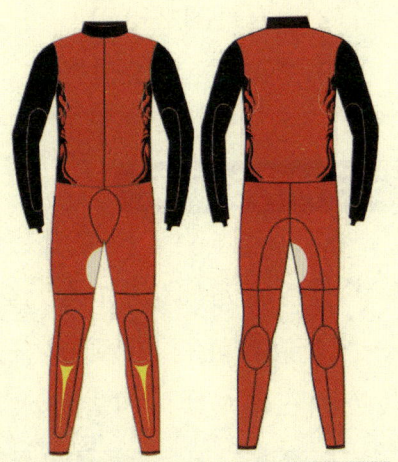

图 2-9 防切割连体服

图 2-10 冰刀鞋

图 2-11 防护眼镜

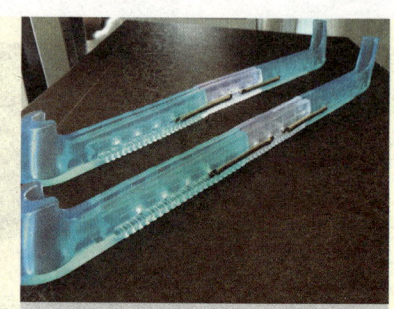

图 2-12 三节软胶冰刀套

图 2-13 绒布冰刀套

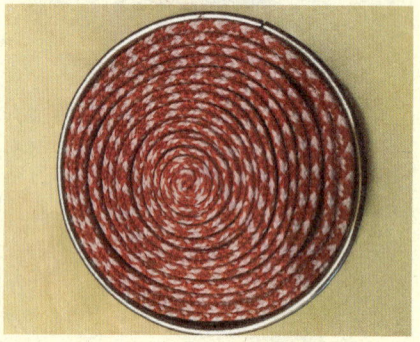

图 2-14 防滑鞋带

图 2-15 磨刀架

（9）防护眼镜（可根据个人习惯和爱好选用）（图 2-11）

（10）三节软胶冰刀套（图 2-12）

（11）绒布冰刀套（图 2-13）

（12）防滑鞋带（图 2-14）

2. 器材

（1）磨刀架（图 2-15）

（2）油石（图 2-16）

（3）标志块（图 2-17）

三、冰刀的研磨

准备磨刀架（又称冰刀架）一个，粗颗粒油石、细颗粒油石、收刃油石各一块。首先将冰刀安装在磨冰刀架上，两刀的刀尖和刀后跟要对齐，要夹住冰刀的

三、冰刀的研磨

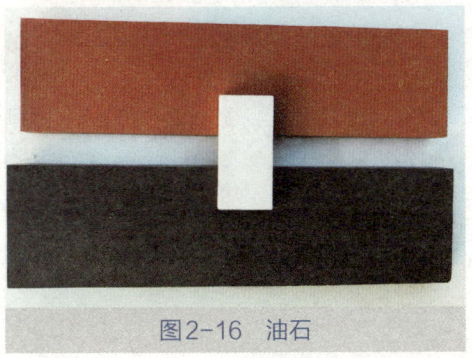

图 2-16　油石

图 2-17　标志块

刀尖和刀后跟，固定螺丝要松紧适度，防止冰刀被刀架夹弯，刀刃发生变化。然后用粗颗粒的油石进行研磨，注意要从冰刀的后部向前用力一次推到冰刀的刀尖，反复进行推拉，直到冰刀的内、外刃都磨出刃为止。再用收刃油石进行收边刃，油石一定要靠紧冰刀刃，油石要与冰刀刃成 90°角，之后再用细颗粒油石进行精细的研磨，直到冰刀的里、外刃全部上刃为止，最后用收刃油石进行研磨。

第三章
练习方法及安全教育

- 一、练习的基本形式
- 二、练习方法
- 三、安全教育

一、练习的基本形式

练习通常是在室外或长 60 米、宽 30 米的室内人工制冷冰场进行。由于场地较小,参与人数较多,练习时首先要注意安全,要听从教师安排,不随意追逐打闹。一般情况下,多采用分组教学练习和小班教学练习,有时指导教师也根据授课对象身体素质、基础技术水平的差异,采用区别对待个别指导的形式。

练习主要由陆上练习和冰上练习两部分组成。首先进行初学者练习,然后进行基础技术、基本技术、基本战术等练习。在练习过程中,练习者掌握了初学者动作,适应了冰上原地交换重心,学会了走滑等基础动作,有了一定的"冰感"后,即可转入基本技术练习。

二、练习方法

练习方法是指在练习过程中,指导教师和练习者为实现教学目标、完成教学任务而采取的教与学相互作用的活动方式,是练习过程整体结构的重要组成部分。

根据运动技能形成的规律,学习某个动作,从不会到会、从不熟练到熟练的运动技能形成过程,实质上是大脑皮质建立暂时性神经联系的过程。在这一过程中,大脑皮质的活动可划分为泛化、分化和巩固 3 个相互联系的阶段,根据这 3 个阶段的规律,教与学可分为以下 4 个阶段。

1. 初步掌握阶段

初步掌握阶段是教师向练习者传授技术、练习者接受技术的过程,是学习过程的开始。此阶段的任务主要是使学生建立正确的动作概念,并对所学的动作初步了解,取得感性认识,粗略地掌握动作。在这一阶段练习者大脑皮质的兴奋过程扩散,内抑制不够,处于泛化阶段。因此,要认真听教师讲解技术动作,看示范动作,不急不躁,抓住学习重点,扎实学好动作,从陆上模仿开始,然后过渡到冰上滑行,反复进行练习。

初步掌握阶段的练习内容主要是基本功,包括诱导动作、模仿动作、支撑平衡能力练习等。

教师通常会用讲解法讲解动作的名称、动作要领、练习方法、练习形式及需要注意的关键问题等,要认真听讲,有问题及时发问。

示范法也是教师常用的教授方法。教师示范动作时通常会强调重点、难点,反复示范,并设计好示范的位置,要仔细体会,独立思考和分析,以便更快领会动作的难点和重点。

根据教学需要,教师可能采用教学辅助工具,如图表、挂图以及电教器材等,可以直观地展示正确动作及优秀运动员比赛的滑跑技术、战术,使练习者建立正确的动作概念,加深对所学动作的运动表象认识和技术、战术分析能力。观看比赛录像可以让人了解到现代短道速滑运动比赛的技术、战术的运用,欣赏到激烈的竞技场面,激发练习者参加短道速滑运动的兴趣。所以要认真配合教师的教学安排,追求学习效果,不要只看热闹。

练习法是掌握运动技能和形成运动技巧最基本的方法。要掌握短道速滑技术必须要反复练习。练习的方法主要有重复法、间歇法、意念法等。

意念法是通过想象模拟所要完成的动作。这不仅是对已学动作的回忆。在模拟过程中,还要尽量做到意想和运动感觉同步,使参与动作的有关肌肉产生微弱活动,进而使心里有跃跃欲试的状态。如通过闭目模拟所学的弯道滑跑路线的完整动作,通过若干次意念模拟,逐渐掌握滑跑动作的顺序和动作细节。在模拟过程中,出现不合格的影像应加以调整纠正,以建立正确的动力定型和动作程序。然后进行实践练习,达到掌握技术动作、发展专项素质的目的。意念法与实际动作练习结合运用能取得更好的学习效果。

练习过程中遇到教师纠正错误动作,要认真体会、改正,反复练习正确动作,遇到学习困难勇敢向老师提出来,寻求帮助。

知识窗

纠正错误动作采用的方法主要有以下几种。

1) 分解法。将动作分解,反复练习,待改正后再进行完整练习。

2) 正面纠正法。通过讲解和示范正确动作,进一步强化动作概念。

3) 负面纠正法。通过错误动作的模仿,指出错误原因和纠正的办法。

4) 正误对比法。模仿错误动作,然后演示正确动作。

2. 改进与提高阶段

改进与提高阶段的任务是通过反复练习,提高支撑平衡能力,找出错误动作,正确掌握动作技术与战术。此阶段的大脑活动特点:大脑皮质兴奋过程与抑制过程处于分化阶段,兴奋相对集中,内抑制逐步发展巩固,运动表现为逐步准确、协调,支撑平衡能力提高,动作节奏以及冰感明显增强,但动作仍不熟练,因此学习的重点应紧紧围绕技术动作核心,即基本功练习,如:单腿支撑滑行练习,目的是提高控制冰刀的滑行能力,改进直、弯道支撑滑行蹬冰技术。加强陆上基本姿势双腿蹲起与单腿蹲起练习,大家可以在教师指导下根据自己掌握运动技术能力水平的不同,利用扶墙、扶椅子或两人扶肩等方法完成单腿蹲起动作,目的是增强腿部力量,以免因腿部力量弱而导致技术动作变形。

此阶段常用的练习方法有集体练习法、分组练习法、双人练习法、单人练习法、游戏法以及比赛法。

3. 巩固和运用自如阶段

巩固和运用自如阶段任务是使技术动作完善、巩固,并达到自动化程度。此阶段学习者大脑活动的特点:大脑皮质兴奋过程在时间上和空间上高度集中,内抑制不断地巩固,形成了牢固的动力定型。动作表现为轻松、自如、准确、协调,达到了自动化程度。因此,学习重点集中在完成技术动作及合理运用战术等细节上,以提高分析技术动作和纠正错误动作的能力。可在教师指导下做以下练习:陆地布带蹲起、弯道交叉步练习,目的是提高专项力量,改进技术动作;不同距离项目练习,目的是提高不同距离项目的技术、战术能力。

此阶段常用的练习方法有完整练习法、分解练习法、分解与完整结合练习法、重复练习法、变换练习法、游戏法以及比赛法。

4. 技术考核与独立操练阶段

技术考核与独立操练阶段的任务是教师考核练习者技术动作、理论知识与运动成绩,是评价学习效果的重要阶段。此阶段练习者大脑活动的特点:大脑皮质兴奋过程在时间上和空间上已经形成了牢固的动力定型。动作表现为准确、协调，完全具备了独立操练的能力，技术、战术都达到了灵活运用的程度。因此，教师开始引导练习者将注意力集中于个性化技术以及合理运用战术等细节上，练习者应努力领会，提高自我调控能力和临场竞技能力。教师可能设置不同技术考核内容，检查大家掌握基本技术的情况。此阶段常用的练习方法有单人练习法、双人练习法、检查法以及比赛法。

练习过程的4个阶段是相互联系的，是大家体能、技术、战术不断发展的提高过程，练习者要根据个人实际情况和其他条件，遵循短道速滑项目的规律、特点，循序渐进地练习，不急躁，又不随意放弃，和伙伴们相互帮助，争取早日享受到冰上乐趣，高质量地掌握技术动作。

三、安全教育

在短道速滑的教学、训练及比赛中身体接触较多，由于弯道半径小、倾斜角度大、离心力大、滑行速度快以及身体重心不稳等因素，易发生碰撞、摔倒等现象，造成运动创伤，轻者扭伤或挫伤，重者发生骨折或切割伤等。短道速滑运动中受伤与预防创伤意识差和预防创伤措施不当等有关。因此，在练习过程中加强安全教育对预防创伤具有十分重要的意义。

1. 安全教育内容

每位练习者都应接受安全教育，增强自我保护意识。忽视运动创伤预防是导致伤害事故发生的主要因素之一，加强安全教育在短道速滑运动中尤为重要。安全教育内容包括体育道德行为规范教育,竞赛规则学习,了解创伤事故危害、导致创伤原因及其预防方法等。

2. 创伤事故发生及表现

(1) 扭伤及挫伤。在教学、训练和比赛中,扭伤及挫伤多发生在出弯道处。原因有很多,如:前面的练习者摔倒后,后面的练习者躲闪不及被碰倒,多人叠加摔倒在一起,易造成切割伤、手腕扭伤或挫伤;上肢撞击防护垫造成肩部或腰部扭伤;冰刀撞击防护垫造成踝关节扭伤或挫伤。此外,准备活动不充分、创伤未愈、局部负荷过重和训练时精力不集中等,也是导致扭伤及挫伤的重要原因。

(2) 骨折及脑震荡。骨折及脑震荡的发生概率相对较低,骨折的部位多发生在四肢和关节处,原因是练习者摔倒后,本能地用上肢触冰或推撑板墙而造成尺骨、锁骨、肱骨骨折;用脚蹬板墙造成胫骨或腓骨骨折。脑震荡的主要原因是,练习者摔倒时头部直接撞击板墙或冰面。

3. 防护装备

为了更好地防止和减少运动创伤,加强防护十分重要,所有练习者必须严格遵守短道速滑竞赛规则中的安全规定,佩戴下列装备。

(1) 安全头盔。头盔应符合 ASTM(American Society for Testing and Materials,美国材料与试验协会)标准,不能有突起。

(2) 防切割手套。

(3) 防切割、防扎、耐用材料制成的护腿及护膝。

(4) 佩戴中国滑冰协会批准使用的护颈和防切割服。

(5) 使用封闭式刀管的冰刀,刀跟必须是圆弧形,最小半径为

10毫米。刀管最少有两点固定在鞋上，没有可动的部分。

（6）可根据个人习惯和爱好选用防护眼镜。

4. 防护技巧

尽管不同阶段的训练水平及不同年龄阶段掌握的技术动作熟练程度不同，但遇到干扰或碰撞后都有可能失去平衡摔倒，因此必须学会重要的自我保护技巧。

（1）养成抬头观察的习惯。

（2）摔倒瞬间，适度降低重心，迅速收腹团身抱头。

（3）掌握快速躲闪技术。

（4）摔倒时将冰刀置于安全位置。

（5）尽量利用背部撞击防护垫，并学会撞击时的缓冲动作。

第四章

陆上练习

- 一、准备活动与整理活动
- 二、身体素质练习
- 三、技术练习

一、准备活动与整理活动

1. 准备活动

准备活动时间一般为 15 分钟左右,包括一般性准备活动和专门性准备活动。一般性准备活动 8~10 分钟,主要是各种形式的慢跑、各种徒手体操及活动各关节练习;专门性准备活动 5~7 分钟,紧紧围绕与本次练习主要动作相近的一些专门性动作进行练习。

(1) **一般性准备活动**。包括头部运动(图 4-1)、腰部运动(图 4-2)、膝关节运动(图 4-3)、踝关节运动(图 4-4)、前弓步压腿(图 4-5)、侧弓步压腿(图 4-6)、扩胸运动(图 4-7)、体转运动(图 4-8)、振臂运动(图 4-9)、体前交叉运动(图 4-10)。

(2) **专门性准备活动**。包括脚尖脚跟练习(图 4-11)、分并腿跳练习(图 4-12)、换块练习(图 4-13)。

图 4-1 头部运动

(1)　　　　　　　　　　(2)

一、准备活动与整理活动 031

◀ 图4-2 腰部运动

◀ 图4-3 膝关节运动

视频4-1 部分准备活动

◀ 图4-4 踝关节运动

◀ 图4-5 前弓步压腿

第四章 陆上练习

图 4-6 侧弓步压腿

图 4-7 扩胸运动

图 4-8 体转运动

图 4-9 振臂运动

一、准备活动与整理活动　033

◀ 图 4-10 体前交叉运动

◀ 图 4-11 脚尖脚跟练习

◀ 图 4-12 分并腿跳练习

图 4-13 换块练习

知识窗

换块练习

身体重心降低,右手拿起右侧一个标志块身体向左移动,左手拿起左侧标志块后,将右手中的标志块放在空位上,然后身体向右移动,标志块逐一换至最后一个,再绕回后面按同样方法从最初一个标志块开始。

2. 整理活动

整理活动一般为 10~15 分钟，在轻松、愉快的环境下完成，主要为放松慢跑，各种小游戏（运动强度不大），各种拉伸肌肉、放松摆腿等动作练习，常用的各种拉伸肌肉练习见图 4-14 至图 4-21。

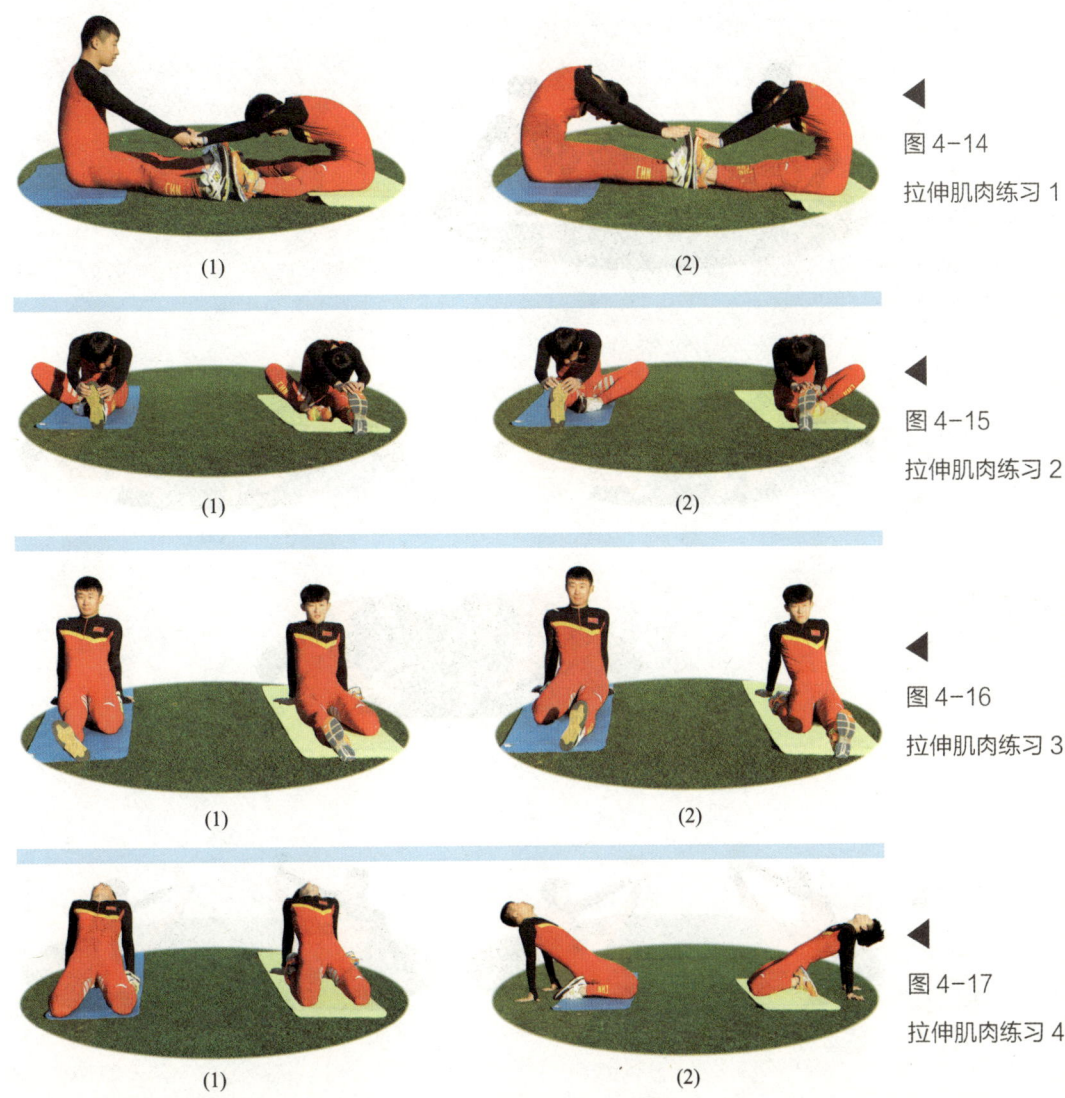

图 4-14 拉伸肌肉练习 1

图 4-15 拉伸肌肉练习 2

图 4-16 拉伸肌肉练习 3

图 4-17 拉伸肌肉练习 4

图 4-18 拉伸肌肉练习 5

图 4-19 拉伸肌肉练习 6

图 4-20 拉伸肌肉练习 7

图 4-21 拉伸肌肉练习 8

二、身体素质练习

可以将短道速滑身体素质训练中的各种练习按其目的划分为两类。第一类是一般身体素质训练。目的是全面发展身体素质，提高机体的运动机能，为专项体能的提高打下坚实的基础。此类练习包括各种固定器械练习，如单杠、双杠、肋木、杠铃、哑铃、实心球、跳绳等练习，以及田径、体操、游泳、划船、自行车、球类运动练习等。

第二类是专门身体素质训练。目的是加强参与项目专有动作的主要肌肉群力量，包括各种技术动作模仿练习，如功能训练器练习、腿部渐进阻力训练器练习、弹力训练管练习、布带模仿练习、基本姿势的各种蹲起与跳跃练习；辅助练习，如轮滑练习，核心力量专门练习器练习，标准版悬吊训练绳、核心训练轮、平衡球及平衡板、陆地弯道模拟器等练习；以及不同负荷重量蹲起、陆地布带牵引、负重滑跳等项目特有动作练习。

1. 一般身体素质训练

一般身体素质训练以发展一般身体素质为主要目的，包括速度素质、力量素质、耐力素质、柔韧素质及灵敏素质等。

(1) 速度素质。速度是指快速运动的能力。它是人体重要的运动素质之一，对于整体竞技能力的提高有着重要的意义。短道速滑运动所需要的速度包括反应速度、动作速度和位移速度。反应速度在短道速滑起跑、滑行过程中躲闪各种意外的碰撞时十分重要；动作速度是反映运动技术水平的重要技术指标；位移速度是决定滑跑成绩的主要因素，也是完成超越的基本条件。进行反应球练习，可以训练眼、手、脚的反应与配合，提高反应速度和动作速度；信号刺激法，可利用突然发出的信号提高运动者对简单信号的反应能力。

(2) **力量素质**。力量素质是指人体肌肉工作时克服阻力的能力。力量是运动之源。短道速滑起跑、直道和弯道蹬冰动作所产生的力是产生滑行加速的动力，此外，支撑腿还要承担自身重力和离心力等。在完成滑行动作时还要克服前进时的空气阻力，以及冰刀与冰面之间的摩擦力等。由此可见，力量素质是短道速滑不可缺少的重要素质。力量主要有最大力量、快速力量、力量耐力3种不同的类型。力量素质水平取决于肌肉收缩的物质基础、肌肉收缩的工作条件以及肌肉收缩特征。由于不同的力量素质在这3个方面各有不同的要求，也就导致其训练方法具有各自的特点。如克服自身重力的引体向上、倒立推起、纵跳、半蹲起等练习；克服橡皮筋、拉力器等形变产生的阻力的练习，以及利用杠铃、壶铃、哑铃进行抗阻力练习等。

(3) **耐力素质**。耐力素质是指机体在较长的时间内，保持特定强度负荷或动作质量的能力。耐力素质是人体基本的运动素质之一。短道速滑的各个竞赛项目所需要的耐力是不同的，如500米所需要的耐力主要为无氧耐力，3000米所需要的耐力侧重于有氧耐力。就整体来讲，短道速滑运动所需的耐力主要有有氧耐力、非乳酸能无氧耐力和乳酸能无氧耐力等。各种形式的长时间跑和反复进行克服自身重力的练习，以及坚持较长时间的抗小阻力练习等，都是发展耐力素质的有效手段。

(4) **柔韧素质**。柔韧素质是人体运动各关节的活动幅度，以及肌肉、肌腱和软组织的伸展能力，是人体运动时加大动作幅度的能力。它对掌握运动技术，预防受伤，保持肌肉的弹性和爆发力，维持身体姿态的平稳有很重要的意义。柔韧性的好坏，不仅取决于身体结构方面的特点，还取决于神经系统机能状态。具有良好的柔韧性，完成同样的练习可以更节省能量，充分减少身体各器官、系统间的内耗,同时还可以减少运动损伤,加大运动幅度。

(5) 灵敏素质。灵敏素质是指在各种突然变换的条件下,能够迅速、准确、协调地改变身体运动的空间位置和运动方向,以适应环境变化的能力。速度可以保障身体向各个方向快速移动,力量是保障肌肉或肌肉群克服阻力的推力,协调可以保证身体运动与感受器的配合。由此看出,灵敏素质是短道速滑运动员的一种综合素质,是速度、力量、耐力等素质的综合反映,是日常教学、训练、比赛所需的重要素质。灵敏素质包括一般灵敏素质和专门灵敏素质。一般灵敏素质是指在完成各种复杂动作时所表现出来适应变化着的外环境的能力,如根据信号或哨音突然改变跑动方向或完成指定动作等。专门灵敏素质是根据专项运动所需要的与专项技术有密切关系的、适应变化着的外环境的能力,如在比赛中场上突然发生碰撞,运动员的第一时间反应、躲闪、改变滑行路线等能力。

2. 专门身体素质训练

专门身体素质训练主要是增强冰上快速滑跑所需要的支撑平衡能力和强有力的快速伸展蹬冰的力量。常用的专门身体素质训练手段主要有跳跃练习、核心力量练习、平衡球练习等。

(1) 跳跃练习。跳跃练习包括分并腿跳练习(图 4-22)、单腿跳练习(图 4-23)、侧蹬－收腿跳练习(图 4-24)、动作协调性练习(图 4-25)、弯道跳练习(图 4-26)。训练中可根据练习者不同水平及不同年龄训练阶段的任务和要求,逐渐增加训练负荷量。

(2) 核心力量练习。核心力量对于冰上运动十分重要,练习方法、动作也比较多。这里列举一些常用的练习动作,如图 4-27 至图 4-38 所示。训练中可根据练习者不同水平及不同年龄阶段,逐渐增加训练负荷量。

第四章 陆上练习

图 4-22 分并腿跳练习

(5) (6)

图 4-23
单腿跳练习

注:(1)(2)(3)左单腿跳,(4)(5)(6)右单腿跳

(1) (2)

(3) (4)

图 4-24
侧蹬－收腿
跳练习

(5) (6)

042　第四章　陆上练习

图 4-25 动作协调性练习

图 4-26 弯道跳练习

二、身体素质练习　043

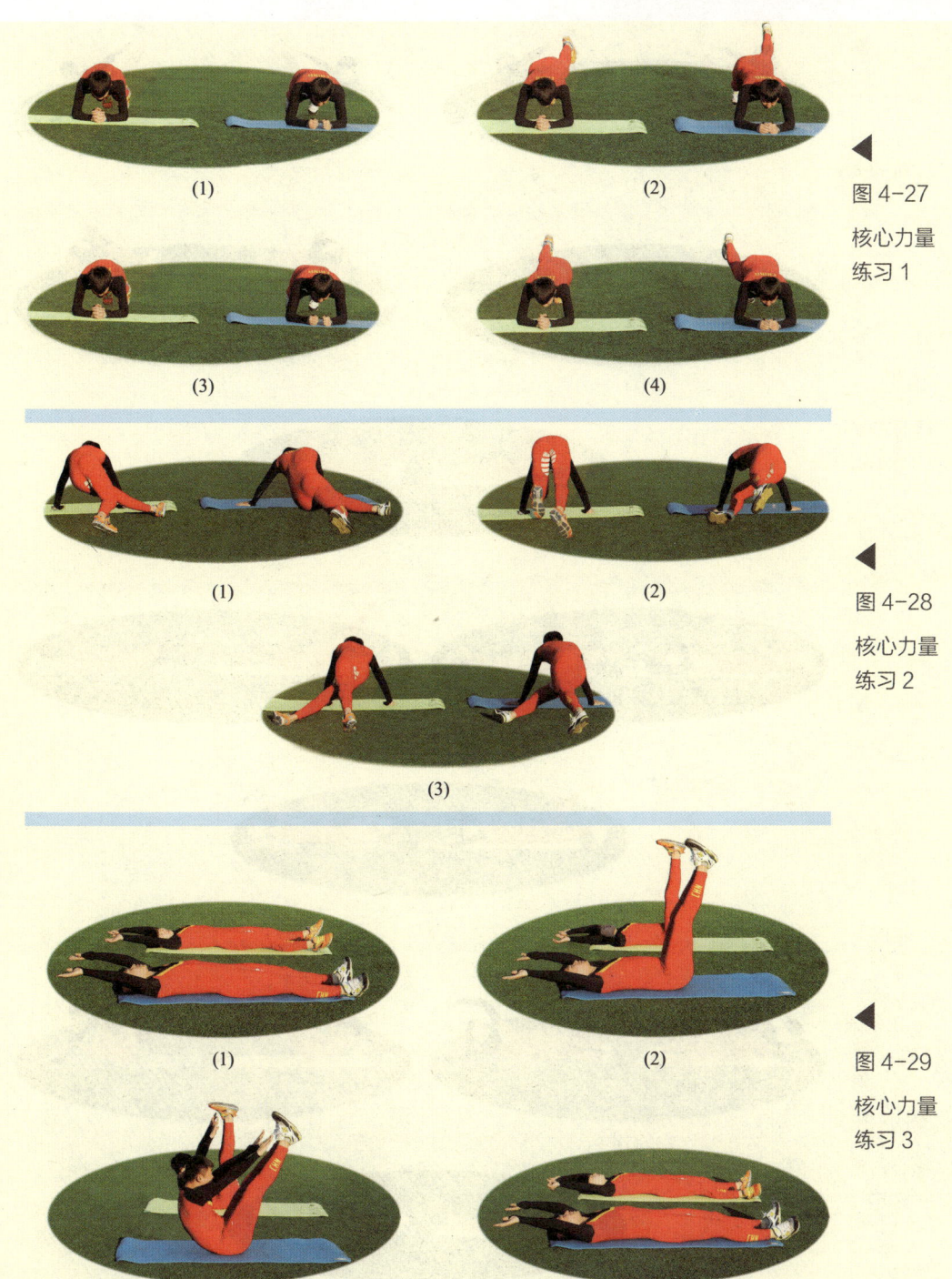

图 4-27 核心力量练习 1

图 4-28 核心力量练习 2

图 4-29 核心力量练习 3

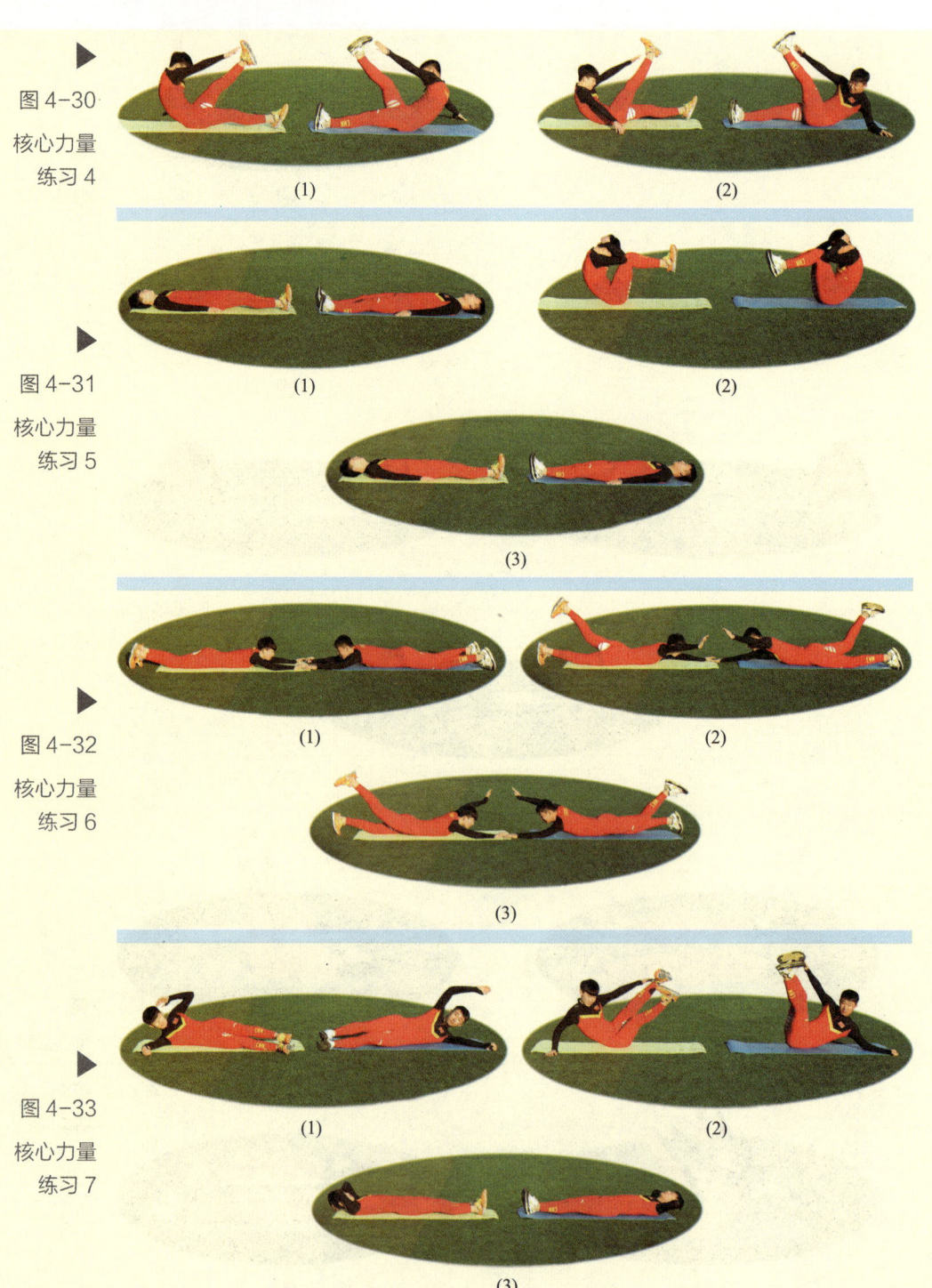

图 4-30 核心力量练习 4

图 4-31 核心力量练习 5

图 4-32 核心力量练习 6

图 4-33 核心力量练习 7

二、身体素质练习　045

图 4-34 核心力量练习 8

图 4-35 核心力量练习 9

图 4-36 核心力量练习 10

图 4-37 核心力量练习 11

图 4-38　核心力量练习 12

（3）**平衡球练习**。冰上运动对平衡能力要求较高，这方面的练习需要重点加强，尤其对于初学者。平衡球练习动作多样，如图 4-39 至图 4-42。练习前注意活动开踝、膝关节，练习中精力集中，做好保护。

图 4-39　平衡球练习 1

图 4-40　平衡球练习 2

二、身体素质练习　047

(5)　(6)

图 4-41　平衡球练习 3

(1)　(2)

图 4-42　平衡球练习 4

另外,利用绳梯组合、跳栏组合、移动标志块、跳环、反应球、布带牵引的各种直道和弯道模仿练习,山地练习,负重力量练习及轮滑练习等,可增强直道、弯道、起跑时参与工作的肌肉的力量。可根据练习者不同水平及不同年龄阶段,逐渐增加训练负荷量。

三、技术练习

1. 直道基本技术练习

(1) 基本姿势练习(图4-43)。练习方法:两脚平行开立,两腿蹲屈,上体前倾,身体重心落在两脚中部,上体与地面成10°~25°,大腿与小腿成90°~110°,小腿与踝关节成55°~75°。

通常配合口令进行练习:一、直立站好,二、上体前倾,三、两腿蹲屈,四、两手背后,五、目视前方(10~20米)。还可进行各种变换重心的练习。

视频4-2
直道基本姿势
及蹲起练习

(1) 正面　　　　　　　　　(2) 侧面

图4-43　直道基本姿势练习

(2) 胸前单腿支撑练习(图4-44)。练习方法:一条腿支撑,另一腿大腿带动小腿向胸前抬起,控制2~3秒落地还原成基本姿势。左、右腿反复练习,主要是提高练习者支撑平衡能力,增强腿部力量。

视频 4-3
胸前单腿支撑
练习

图 4-44　胸前单腿支撑练习

(3) **侧蹬收腿练习**（图 4-45）。练习方法：身体重心放在支撑腿上，尽量保持鼻、膝、脚尖在一条直线上，侧蹬腿轻擦地面，向侧蹬直，大腿带动小腿收回至胸下还原成基本姿势，两腿交替进行练习。

(4) **重心移动练习**（图 4-46）。练习方法：身体重心放在支撑腿上，尽量保持鼻、膝、脚尖在一条直线上，展髋、膝、踝关节，随后身体重心平行移动到另一腿上，两腿交替进行练习。

(5) **单腿后引练习**（图 4-47）。练习方法：身体重心放在支撑腿上，尽量保持鼻、膝、脚尖在一条直线上，浮腿大腿后引至垂直于地面，小腿平行于地面，踝关节自然下垂，再前摆到胸前还原成基本姿势，两腿交替进行练习。还可以在砖上或者平衡球上做单腿后位平衡练习，主要是提高支撑平衡能力。

视频 4-4
侧蹬收腿练习

(3)　　　　　　　　　　　　(4)

图 4-45　侧蹬收腿练习

视频 4-5
重心移动练习

(3)　　　　　　　　　　　　(4)

图 4-46　重心移动练习

三、技术练习　051

视频 4-6
单腿后引练习

图 4-47　单腿后引练习

(6) **联合诱导练习**(图 4-48)。练习方法：由基本姿势开始，一腿向侧蹬出，大腿带动小腿收至单脚后位平衡，摆至胸下双脚并拢，两腿交替进行。

(7) **摆臂练习**。练习方法：两臂以肩关节为轴，伴随肘关节的屈伸完成摆臂动作；手臂贴近身体自然前后摆动；手半握，前摆至颌下，下摆至浮脚冰刀着冰点，贴近腿部外侧，后摆至与躯干平行或高于躯干。

摆臂可调整身体平衡、增强蹬冰力量、加快滑跑频率，有利于身体协调地运动，并达到合理运用战术等目的。通常，中、长距离和弯道滑行多采用单摆臂，以保持滑行节奏和速度；双摆臂多用于起跑、短距离滑行和终点冲刺，目的在于提高滑行速度。

(8) **滑行、滑跳模仿动作练习**。

滑行模仿动作练习方法(图 4-49)：保持基本滑行姿势，身体重

视频 4-7
联合诱导练习

视频 4-8
摆臂练习

视频 4-9
滑行模仿动作
练习

(4)　　　　　(5)　　　　　(6)

图 4-48　联合诱导练习

(4)　　　　　(5)　　　　　(6)

图 4-49　滑行模仿动作练习

心放在支撑腿上,保持鼻、膝、脚尖在一条直线上,浮腿向前摆动并落地,重心随之移动,平衡被打破,支撑腿以脚掌内侧蹬地向侧展,直腿蹬离地面变为浮腿,以大腿带动小腿,大小腿在一个平面摆至两腿并拢。两腿交替进行练习。

滑跳模仿动作练习方法(图4-50):保持基本滑行姿势,上体随浮腿收摆与臀部平行移动,支撑脚内侧的中部用力向侧蹬离地面,蹬离地面后放松,大腿内收,大腿带动小腿,并使脚尖向前摆送小腿和脚。

图4-50 滑跳模仿动作练习

视频4-10 滑跳模仿动作练习

2. 弯道基本技术练习

(1) 弯道基本滑行姿势练习(图4-51)。练习方法:采用扶持或牵拉的方式,在基本姿势的基础上,身体重心平行向左移动,使左脚用外侧支撑,右脚微屈用内侧着地,呈两肩和臀部平行向左倾斜的弯道基本滑行姿势。

视频4-11 弯道基本滑行姿势练习 左腿支撑右腿摆动练习 右腿支撑左腿摆动练习

图4-51

弯道基本滑行姿势练习

(2) **左腿支撑右腿摆动练习**(图4-52)。练习方法:采用扶持或牵拉的方式,由弯道基本滑行姿势开始,身体重心平行向左移动,左脚用外侧支撑身体,右脚用内侧轻擦地面向侧方蹬直,然后以膝盖领先直接收回,反复练习。

(3)

图4-52 左腿支撑右腿摆动练习

(3) **右腿支撑左腿摆动练习**(图 4-53)。练习方法:采用扶持或牵拉的方式,由弯道基本滑行姿势开始,身体重心平行向左移动,右脚用内侧支撑身体,左脚在右腿后方,用外侧轻擦地面向侧方蹬直,然后以膝盖领先直接收回,反复练习。

图 4-53 右腿支撑左腿摆动练习

(4) **弯道交叉压步练习**(图 4-54)。练习方法:采用扶持或牵拉的方式,由弯道基本滑行姿势开始,右脚内侧向右侧蹬出;再以膝盖领先向支撑腿并拢;然后左脚从右腿后方用外侧轻擦地面向右侧蹬直,以膝盖领先直接收回。两腿反复练习。

图 4-54 弯道交叉压步练习

第五章

冰上练习

- 一、准备活动与整理活动
- 二、技术练习
- 三、专项素质练习

知识窗

如何系好冰鞋鞋带?

放松鞋带,穿上冰鞋,按鞋孔的顺序依次交叉拉紧,最后系紧鞋带,冰鞋就穿好了。

知识窗

冰上练习结束前为什么要做整理活动?

机体在经历激烈紧张的体力负荷之后,会产生一系列相应的变化,做整理活动的目的是加速消除疲劳,促进体力恢复。

知识窗

初学滑冰滑多长时间休息一次为好?

初学滑冰一般15~30分钟休息一次,要根据个人身体素质情况而定,休息时要注意保暖,同时要解开鞋带,活动一下脚、踝关节,使脚上的血液循环畅通,缓解脚、踝关节的疲劳。

一、准备活动与整理活动

1. 准备活动

初学者穿上冰刀后首先利用3~5分钟做原地模仿动作及适应冰性练习,然后进行基础技术练习。有一定基础后,再进行集体尾随滑2~3分钟(1~2组),动作协调性练习2~3次,以及冰上各种拉伸肌肉活动。

2. 整理活动

练习结束前的整理活动一般以不同距离的慢滑、强度较小的游戏为主,下冰后放松慢跑,做各种拉长肌肉及放松摆腿等练习。

二、技术练习

知识窗

滑冰运动对人体的益处

滑冰不仅能够增强人体的平衡能力、协调能力及身体的柔韧性,同时还可以增强人的心肺功能,提高有氧运动能力。滑冰是一项集速度、力量、耐力、柔韧、协调、灵活、平衡、优美于一身的冬季运动项目。

知识窗

初学滑冰需要准备的服装及用具

上冰时需要准备一双可调试左右位置的冰鞋,戴头盔,如在室外可在头盔里面戴好帽子,戴手套,穿上保暖服,戴好护膝、护肘,必要时可戴护腕等。

立足冰上,共同感受滑冰的快乐!

1. 熟悉冰性

(1) 冰上站立(图 5-1)。练习方法:站立时身体重心放在两脚中间,两眼平视前方,两腿膝盖微屈,两脚平行,用冰刀平刃着冰。主要体会用冰刀平刃支撑站立的感觉。

图 5-1　冰上站立

(2) 原地踏步(图 5-2)。练习方法:上体前倾,两腿膝盖微屈,两脚平行,用冰刀平刃着冰站立,浮腿控制在胸下落冰,用冰刀的平刃

二、技术练习

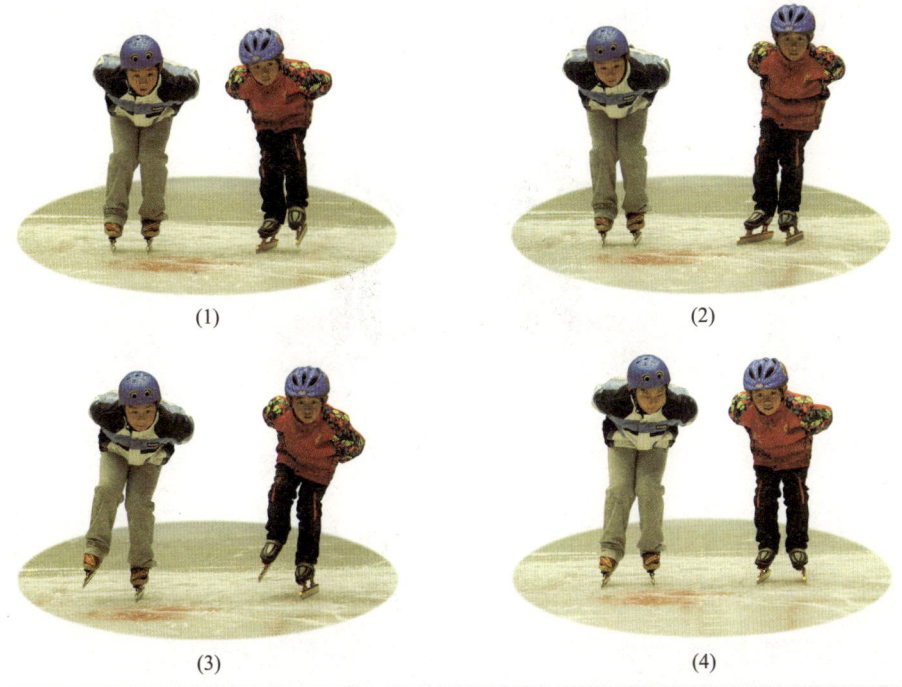

图 5-2　原地踏步

着冰承接体重，左右脚重复进行练习。主要体会重心转换的感觉，熟练后可进行行进间向左、向右及向前走滑练习。

(3) **安全摔倒**(图 5-3)。练习方法：当身体重心不稳，失去平衡时，迅速降低重心，团身收腹，身体尽量放松顺势倒下。

图 5-3　安全摔倒

(4) **基本姿势**(图 5-4)。练习方法：上体前倾，两腿膝盖弯曲，团身收腹，两肩向内收，目视前方。

图 5-4　基本姿势

(5) **前后滑动**(图 5-5)。练习方法：保持基本姿势，身体重心在两脚之间，腰腹收紧，两脚冰刀用平刃着冰，前后小幅度滑动，初学时幅度不宜过大，两冰刀控制在身体活动范围内。

图 5-5　前后滑动

(6) **侧向走滑**(图 5-6)。练习方法:上体前倾,两腿膝盖弯曲,一腿向外侧迈出一小步,身体重心跟上,冰刀用平刃着冰,另侧脚用内刃侧向蹬冰,迅速收向支撑腿,反复进行练习。

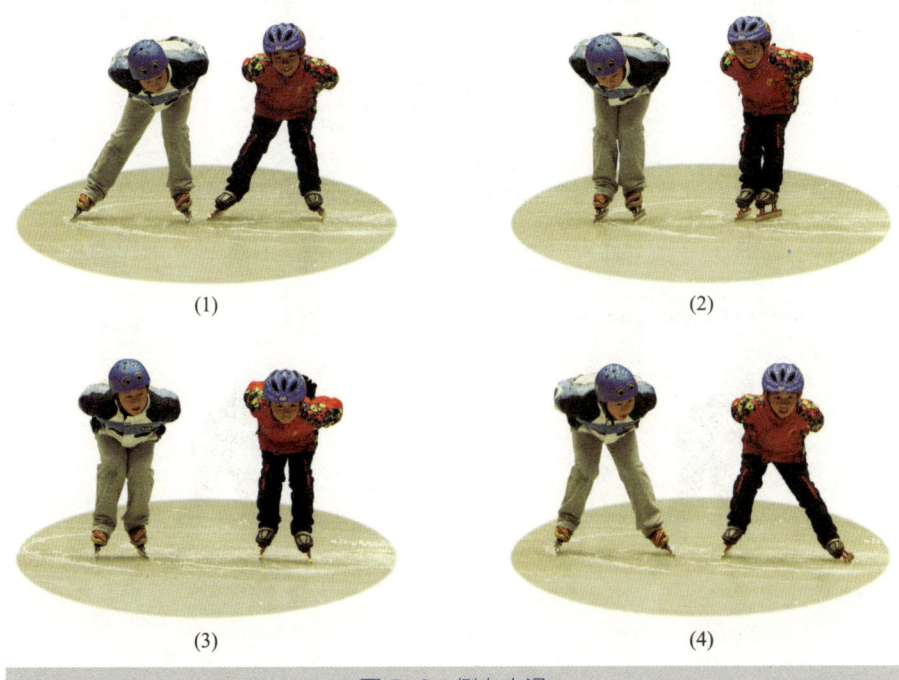

图 5-6 侧向走滑

(7) **捡放标志块**(图 5-7)。练习方法:在侧向走滑的基础上,捡起摆放不规则的标志块,然后再放回原来的位置。

图 5-7 捡放标志块

(8) **急停**(图 5-8)。练习方法：在滑行中，两膝内扣，将两冰刀刀跟分开，两冰刀刀尖向内，同时将重心后移成后坐姿势，用两冰刀内刃压擦冰面，形成制动，减慢滑行速度，停止滑行。

图 5-8 急停

(9) **摆臂**(图 5-9)。练习方法：保持基本姿势，两肩正对前进方向，以肩关节为轴，两臂靠近身体做前后摆动，前摆不超过身体中心线，后摆到肩关节锁住为止。

(10) **全身配合**(图 5-10)。练习方法：保持基本姿势双摆臂，(以一侧臂为例)前臂到前高点时，蹬冰腿完成蹬冰，臂到下垂点时腿收到胸下着冰，臂到后高点时另一腿蹬冰结束。

二、技术练习　065

图 5-9　摆臂

图 5-10　全身配合

2. 基础技术练习

知识窗

上冰练习注意事项

　　①做好准备活动；②佩戴防护用具，着装注意保暖；③不要做危险动作；④注意安全，自我保护；⑤循序渐进，适当休息。

 **知识窗**

滑冰时的能量补充

滑冰是在低温环境下进行的运动项目,运动时需要消耗大量的热量,建议大家在运动时带一些热量较高的食品,如巧克力、运动饮料等,在休息时可适当补充能量。

冰上之行,从自信勇敢走滑入手!

(1) 向前走滑(图5-11)。练习方法:在侧向走滑的基础上,一条腿支撑滑行,另一条腿迅速收向支撑腿,双脚向前滑行,重心稳定后,再做另一条腿的动作,重复进行练习。

视频5-1
向前走滑

图5-11 向前走滑

(2) **扶持双脚支撑滑行**(图 5-12)。练习方法:两人一组,一人在前做基本姿势滑行,另一人在后,手扶前者的臀部上方沿直线推同伴向前滑行,前者两脚冰刀用平刃支撑向前滑行。

图5-12 扶持双脚支撑滑行

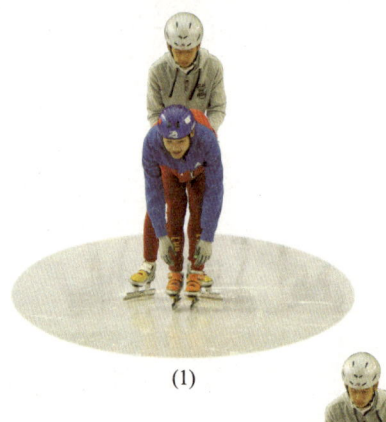

(3) 扶持交换重心(图5-13)。

练习方法:两人一组,一人在前做基本姿势滑行,同时两腿交换抬起,另一人在后手扶前者的臀部上方沿直线推同伴向前滑行。

(1)

(2)

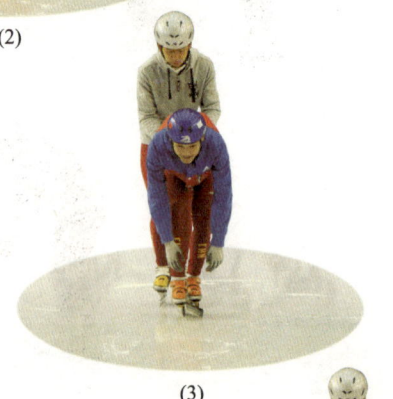

(3)

视频5-3
扶持交换重心
滑行

(4)

图5-13 扶持交换重心滑行

（4）前葫芦滑行（图 5-14）。练习方法：两脚冰刀用内刃同时侧向蹬出，略宽于肩，随后两腿同时向内收，收至基本姿势，反复进行练习。

(1)

(2)

视频 5-4
前葫芦滑行

(3)

(4)

图 5-14　前葫芦滑行

(5) **单蹬双滑**(图 5-15)。练习方法:左腿侧向蹬冰,随后迅速收向右腿,双脚并拢向前滑。左、右腿反复进行练习。

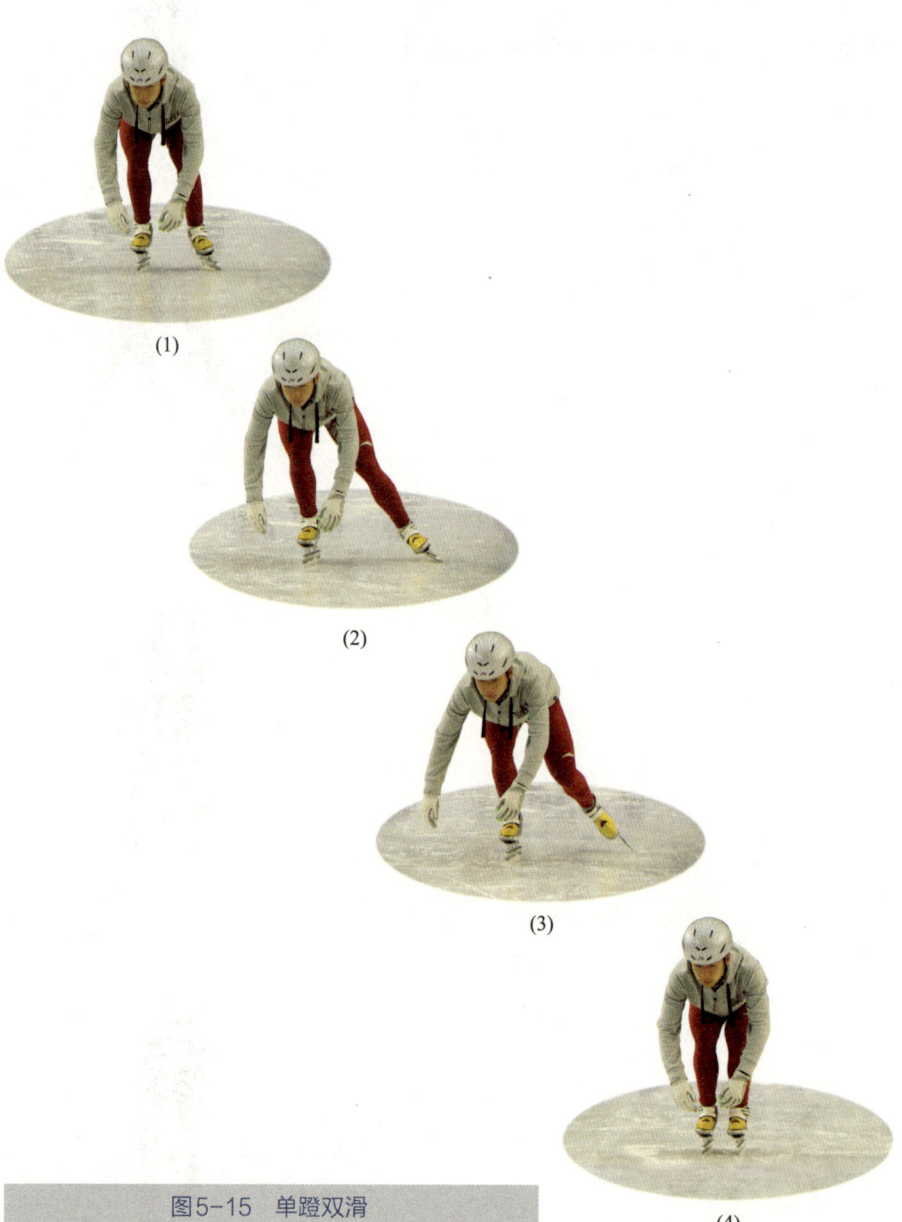

图5-15 单蹬双滑

3. 提高支撑平衡能力练习

🧭 小常识

通常情况下滑冰馆室内温度15℃以下，冰温在-8℃~-5℃，冰厚3.5厘米左右，所以夏天滑冰既能避暑，又能健身，是一项非常棒的运动。

🧭 知识窗

刀尖定胜负

无论是个人还是接力比赛，在周长111.12米、弯道半径8米的跑道上，采取集体出发多轮次淘汰赛的形式，可以在任何区域进行超越与反超越，最终以名次决定胜负，运动员刀尖触及终点线时即为完成比赛。

强化冰感，提高滑跑控制能力！

（1）**基本姿势**（图5-16）。练习方法：上体放松团身收腹，上体与地面成10°~25°，膝关节成90°~110°，踝关节成55°~75°。身体重心在双脚的中部。该练习主要巩固练习者基本姿势，提高两脚用平刃支撑的滑行能力。

（2）**基本姿势走滑**（图5-17）。练习方法：身体呈基本姿势，双脚并拢，一脚向侧外蹬，一脚用冰刀的平刃支撑向前滑行，两脚交替侧蹬，有条件可利用低姿势限制架进行练习。该练习主要提高练习者两腿平刃支撑的滑行能力。

视频 5-6
基本姿势

(1) 正面

(2) 侧面

图 5-16　基本姿势

(1)

(2)

视频 5-7
基本姿势走滑

(3)

(4)

图 5-17　基本姿势走滑

(3) 双脚跳滑行(图 5-18)。练习方法：基本姿势滑行，双脚向上跳起，落冰时用冰刀的平刃支撑向前滑进，重心稳定后反复进行练习。该练习主要巩固、提高练习者用冰刀平刃支撑滑行的能力。

(1)

(2)

视频 5-8
双脚跳滑行

(3)

(4)

图5-18 双脚跳滑行

(4) 前抬浮腿滑行(图 5-19)。练习方法:保持支撑腿用平刃支撑滑行,鼻、膝、脚尖在一条直线上;浮脚前抬离开冰面做惯性滑行,控制在 2~3 秒,随后落在身体重心下方,左、右腿反复进行练习。该练习主要提高练习者的单腿支撑平衡滑行能力。

(1)

(2)

视频 5-9
前抬浮腿滑行

(3)

(4)

图5-19 前抬浮腿滑行

二、技术练习　075

(5) **移动重心滑行**（图5-20）。练习方法：随着蹬地腿的展髋、膝、踝的先后顺序，把身体重心水平移到另一腿上，保持鼻、膝、脚尖在一条直线上，支撑腿向前滑行，左、右腿反复进行练习。该练习主要提高练习者滑行过程中移动身体重心的能力。

视频5-10
移动重心滑行

图5-20　移动重心滑行

(6) 同蹬同收滑行(图 5-21)。练习方法:两脚同时向外侧蹬至略宽于肩,然后大腿带动小腿收至基本姿势滑行,反复进行练习。该练习主要提高练习者控制冰刀的滑行能力。

(7) 双脚"S"绕块滑行(图 5-22)。练习方法:利用惯性双脚内刃、平刃、外刃变刃绕标志块滑行。该练习主要提高灵活运用内刃、平刃、外刃的滑行能力。

视频 5-11
同蹬同收滑行

视频 5-12
双脚"S"绕块滑行

图 5-21 同蹬同收滑行

图 5-22 双脚"S"绕块滑行

(8) **体前交叉步滑行**(图 5-23)。练习方法:向右做前交叉时身体重心大胆向右外侧倾斜,同时蹬伸动作积极;向左做前交叉时同理,两腿反复进行练习。该练习主要提高练习者运用冰刀的内刃、平刃、外刃灵活滑行的能力。

视频 5-13
体前交叉步滑行

图 5-23 体前交叉步滑行

(9) **倾斜转弯滑行**(图 5-24)。练习方法:身体重心放在左腿上,左脚外刃支撑滑行,整个身体形成一个倾斜面,两肩两臀始终保持与冰面平行,形成右腿微屈、身体左倾姿势滑行。该练习主要提高左腿外刃支撑倾斜滑行的能力。

视频 5-14
倾斜转弯滑行

图 5-24 倾斜转弯滑行

(10) **左倾姿势右腿抬离冰面滑行**。练习方法:同倾斜转弯滑行姿势,右腿侧向蹬直,随后形成右腿微屈稍抬离冰面、身体左倾姿势滑行。

4. 基本技术练习

视频5-15
左倾姿势右腿
抬离冰面滑行

> **知识窗**
>
> 在500米、1000米比赛中,通常4人1组进行比赛;1500米比赛中,6人1组进行比赛。

> **知识窗**
>
> 接力比赛时,1队上场队员为4人,上场队员每人每次滑1~2圈进行替换,替换采用推接方式在直道上进行。为保证运动员的安全,通常1组比赛最多不超过4队。

尽情滑行,享受速度与激情的魅力!

(1) **直道技术动作**(图5-25)。直道滑跑完整技术动作是由自由滑行和蹬冰滑行所组成的周期性动作结构。一个复步(一左一右两步)包括六个阶段、十二个动作,即左腿自由滑行动作—右腿收腿动作,左腿单支撑蹬冰动作—右腿摆腿动作,双支撑左腿蹬冰—右腿着冰动作,右腿自由滑行动作—左腿收腿动作,右腿单支撑蹬冰动作—左腿摆腿动作,双支撑右腿蹬冰—左腿着冰动作。

动作要领:
蹬冰开始时上体横向移动并展髋,发力快而积极主动。重心移

(1)　　　　　　　　(2)

(3)　　　　　　　　(4)

(5)　　　　　　　　(6)

图 5-25　直道技术动作

视频 5-16
直道技术动作

动时身体纵轴线应与滑行方向平行，动作节奏需先慢后快，两腿动作连贯流畅。单支撑蹬冰动作与摆腿动作、双支撑蹬冰动作及冰刀着冰动作的协调配合是蹬冰阶段的核心。

练习方法：

① 在陆上进行有助于增强核心部位小肌肉群力量及协调性的练习。

② 在陆上进行滑行、滑跳模仿动作及动作协调性等专门性练习。

③ 保持滑行基本姿势，进行单腿连续自由滑行、收腿、蹬冰、摆腿、冰刀着冰动作的练习。

④ 进行不同速度的双摆臂协调性练习。

常见的错误动作及改进方法：

① 动作紧张、僵硬，两腿配合不协调。为改进上述动作，练习者应注意自由滑行与收腿动作的配合、单支撑蹬冰与摆腿动作的配合、双支撑蹬冰与着冰动作的配合等，通过加强单腿支撑平衡能力和协调性的练习，不断提高动作的熟练程度。

② 动作不连贯，主要表现在蹬与收之间的动作停顿，蹬、收动作分离。改进该动作，应重点加强核心部位小肌肉群力量及专项力量的训练。

(2) 弯道技术动作（图 5-26）。弯道完整滑跑技术动作一个复步（一左一右两步）包括四个阶段和八个动作，即左腿单支撑蹬冰动作－右腿摆腿动作，双支撑左腿蹬冰动作－右脚着冰动作，右腿单支撑蹬冰动作－左腿摆腿动作，双支撑右腿蹬冰动作－左脚着冰动作。

知识窗

弯道滑跑的技术特点

◇ 弯道滑行时，蹬冰方向为沿弯道的弧线方向向右。

◇ 弯道半径较小，惯性速度较快，可缩小蹬冰角来增加向心力。

◇ 蹬冰动作幅度小，同时还要加快动作的频率。

◇ 滑行中连续蹬冰，没有单腿支撑自由滑行阶段。

◇ 冰刀沿弯道弧线切线方向滑行。

◇ 弯道滑行右腿蹬冰动作幅度明显大于左腿。

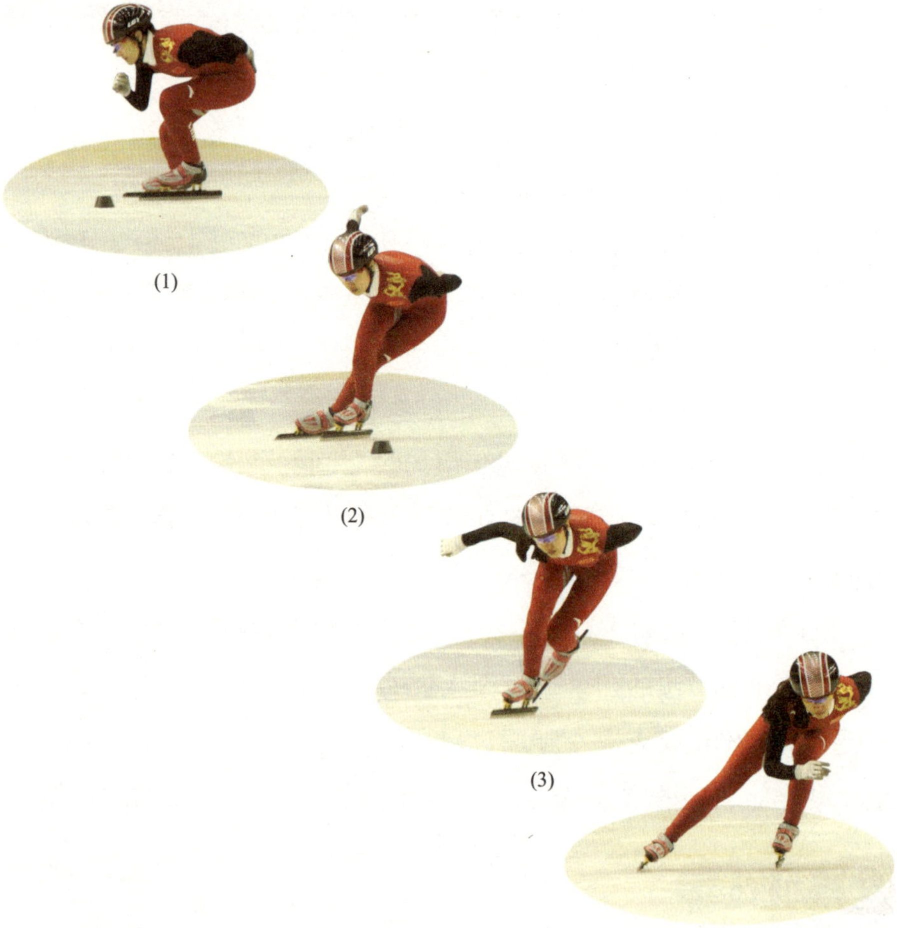

视频 5-17
弯道技术动作

(1)

(2)

(3)

(4)

图 5-26　弯道技术动作

蹬冰角

　　蹬冰腿蹬冰结束时，冰刀刀刃与冰面间夹角叫蹬冰角。

动作要领：

两腿要根据弯道滑行的四个阶段、八个动作控制好相互间的配合。为使两腿动作配合协调一致，通常在收右腿时动作速度有所减慢。摆臂动作开始阶段速度略慢并稍加控制，而后则加快摆动速度，使臂与腿的动作节奏一致。左臂保持小幅度摆动或自然下垂，手指轻触冰面。

练习方法：

① 两人一组，一人在外侧用布带牵引，另一人沿场地中间进行小圆周慢速交叉压步滑行练习。

② 采用不同速度进行单、双摆臂交叉压步滑行练习。

常见的错误动作及改进方法：

① 下刀过早致使蹬冰动作过晚。要改进此动作可提示练习者早蹬冰或浮腿晚着冰，保持身体平衡及合理的倾斜角度。

② 单腿支撑滑弧时间过长，造成滑行速度下降或下肢过早出现疲劳等。纠正此错误动作，可提示练习者在滑行过程中让蹬冰与滑弧同时进行。

③ 左臂摆动幅度过大，影响两腿正常滑行节奏，降低滑速和动作频率。改进上述动作通常采用提示，要求练习者左上臂与躯干靠紧，必要时可让练习者在腋下夹一适当器具，做屈伸肘关节的小幅度前后摆动练习。

(3) 起跑技术动作（图5-27）。起跑是滑跑的开始，起跑的任务是使运动员在尽可能短的时间内，达到个人项目最高滑跑速度。起跑完整技术动作由起跑姿势、起动、疾跑和衔接四个部分构成。

动作要领：

起跑姿势：练习者面对滑跑方向，两脚冰刀侧向平衡，或者两脚冰刀成"V"形，左脚冰刀与起跑线垂直，右脚冰刀与起跑线夹角小于90°，两臂自然弯曲下垂。

第五章 冰上练习

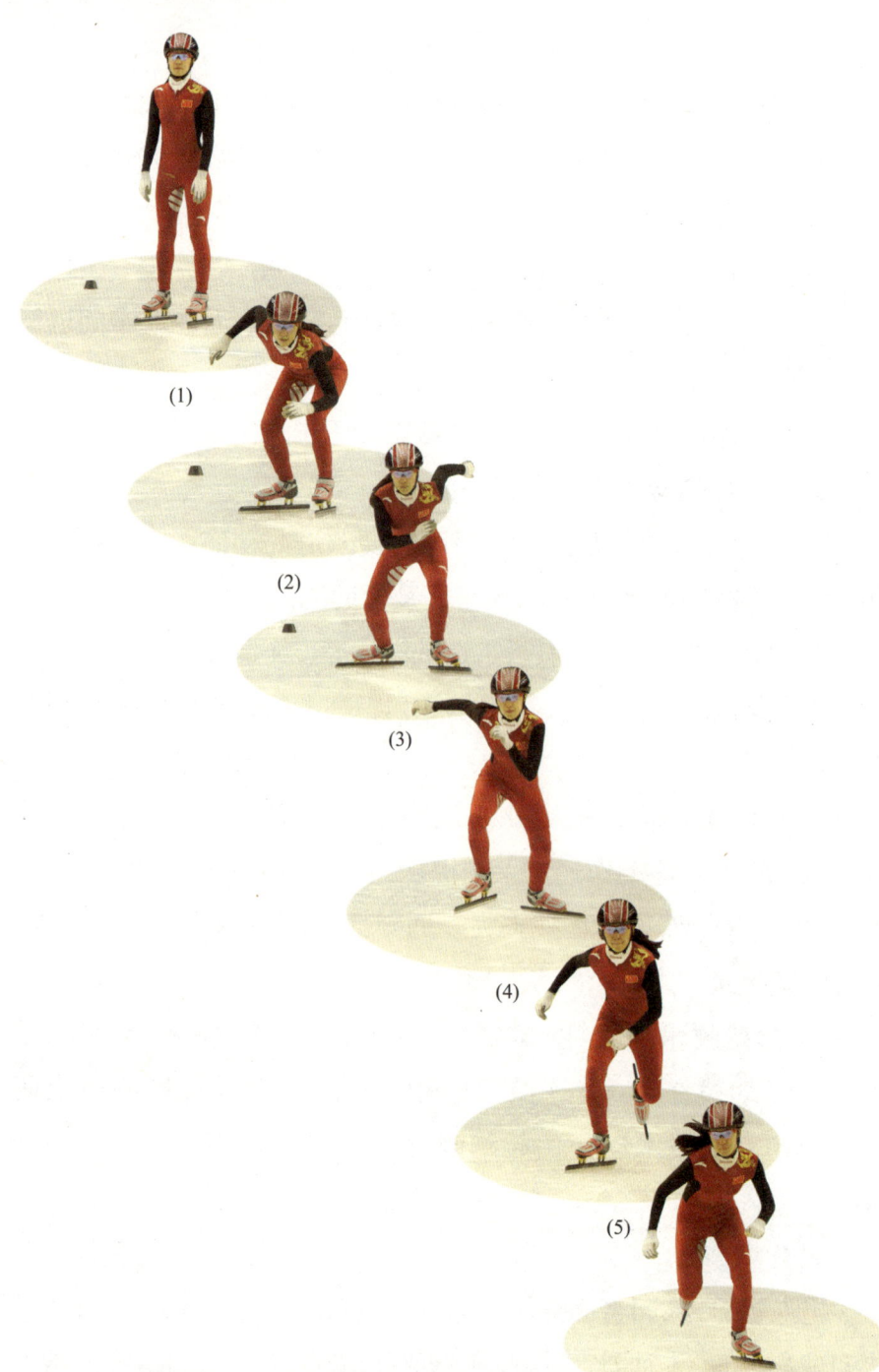

图 5-27 起跑技术动作

视频 5-18
起跑技术动作

起动、疾跑、衔接：当听到起跑的口令时，刀尖外转与起跑线平行向前迈出，注意步幅要小，用冰刀内刃着冰，同时上体迅速前倾，面向滑跑方向，髋积极前送，随着起跑步数的增多，出刀角度逐步缩小，逐渐过渡到正常滑行。

练习方法：

① 在陆地或冰上，按"各就位"口令做好直立起跑姿势。

② 在直立起跑姿势的基础上，两肩和两臂放松，重心位于两腿之间，两刀咬住冰面，保持静止不动。

③ "预备"口令下达后降低身体重心并略向前移，但要注意不能将大部分体重移至前脚冰刀。

④ 起动、疾跑、衔接动作在练习中先慢后快，逐渐熟练。

⑤ 多人一组或单人反复多次练习。

常见的错误动作及改进方法：

① "各就位"动作，两刀开角过大。要注意两刀开角。

② 身体重心位置处理不当，冰刀咬不住冰面，并有滑动现象。要调整重心位置，注意平衡与稳定。

③ "预备"口令下达后，身体重心下降过快，保持"预备"静止姿势时间过短，鸣枪前改变动作姿势。要控制好重心下降速度。

(4) 冲刺技术（图 5-28）。冲刺阶段是滑跑的最后阶段，是决定名次的关键阶段，冲刺技术尤为重要。

动作要领：

以送刀式终点冲刺技术为例，在接近终点的滑行过程中，将身体重心放在有利于克制对手一侧的腿上，异侧腿迅速前伸，力求保持身体平衡冲过终点。

练习方法：

① 滑行过程中根据哨音或信号迅速冲刺。

视频 5-19
冲刺技术

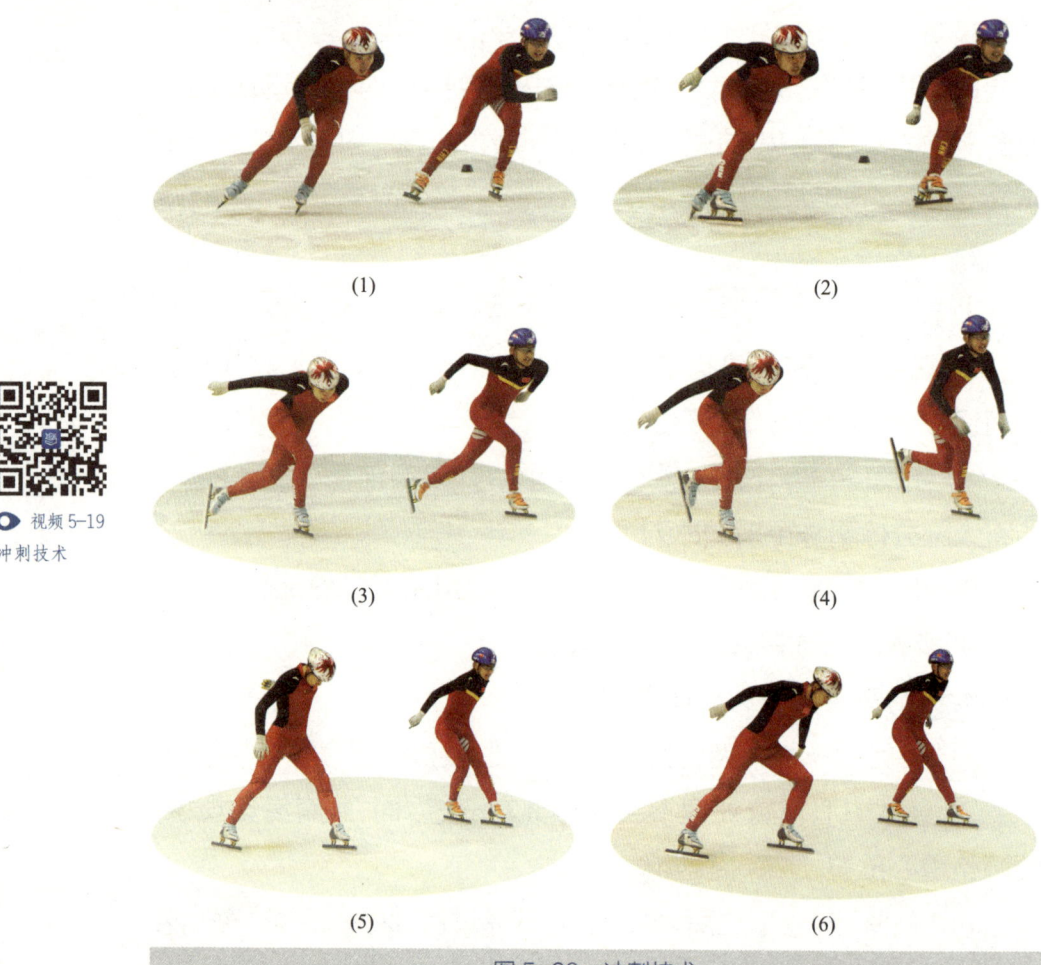

图 5-28 冲刺技术

② 滑行过程中利用不同速度、不同人数、不同位置的滑跑路线进行冲刺练习。

③ 练习者按水平编组，选择合理的冲刺路线进行冲刺练习。

常见的错误动作及改进方法：

① 在终点冲刺过程中，最常见的错误动作是动作变形，失去平衡或有意改变滑行路线。改进上述动作通常采用根据哨音或信号进行短距离冲刺练习，并结合自己或他人短语提示，如"加快频

率""保持优势位置""注意观察后面队员的速度、位置和路线变化""选择合理路线"等。

② 动作幅度超出技术规范,违犯规则。克服此错误的方法主要是不断强化技术规范和学习竞赛规则。

(5) 接力技术动作(图 5-29)。接力完整技术动作包括:接力前技术、接力中技术、接力后技术。通常上场队员每人每次滑 1~2 圈进行替换,替换采用推接方式在直道上进行。

动作要领:

接力前技术　接替者要根据被接替者滑行的速度和所处位置,在跑道场地的内侧起动滑行。当滑行速度达到或超过被接替者时,接替者在预定接力区域前的出弯道处从第五、第六或第六、第七标志块之间滑入跑道,出弯道后借助前冲的惯性做好接触前的蹲屈姿势,双脚支撑自由滑行。

被接替者在接力前,除完成正常的滑行外,要时刻注视接替者滑行速度的变化、滑行路线以及场上情况。当接替者进入跑道后,被接替者要对其做追逐滑行,在接近接替者时,停止蹬冰动作,两脚开立同肩宽,上体抬起,两臂前伸,准备接触和推送。

接力中技术　接替者保持适宜的流线型蹲屈姿势,两臂靠近躯干,双手扶于大腿或膝关节,两腿靠近,两刀平行,两脚适度开立,身体重心落于冰刀的后半部,头抬起,目视前方,等待被接替者的推动,并做好起动滑行的准备。

被接替者以双手对准并接触接替者的臀部,屈膝、屈臂向后缓冲,达到最有利的关节角度(贴近自己胸部)时,身体重心前移,自下而上地相继发力,两脚冰刀外展,用力蹬冰的同时伸臂、甩腕,完成爆发式的推送动作,将接替者推出。

接力后技术　接替者被推送后,占据有利位置向前起速滑行。

088　第五章　冰上练习

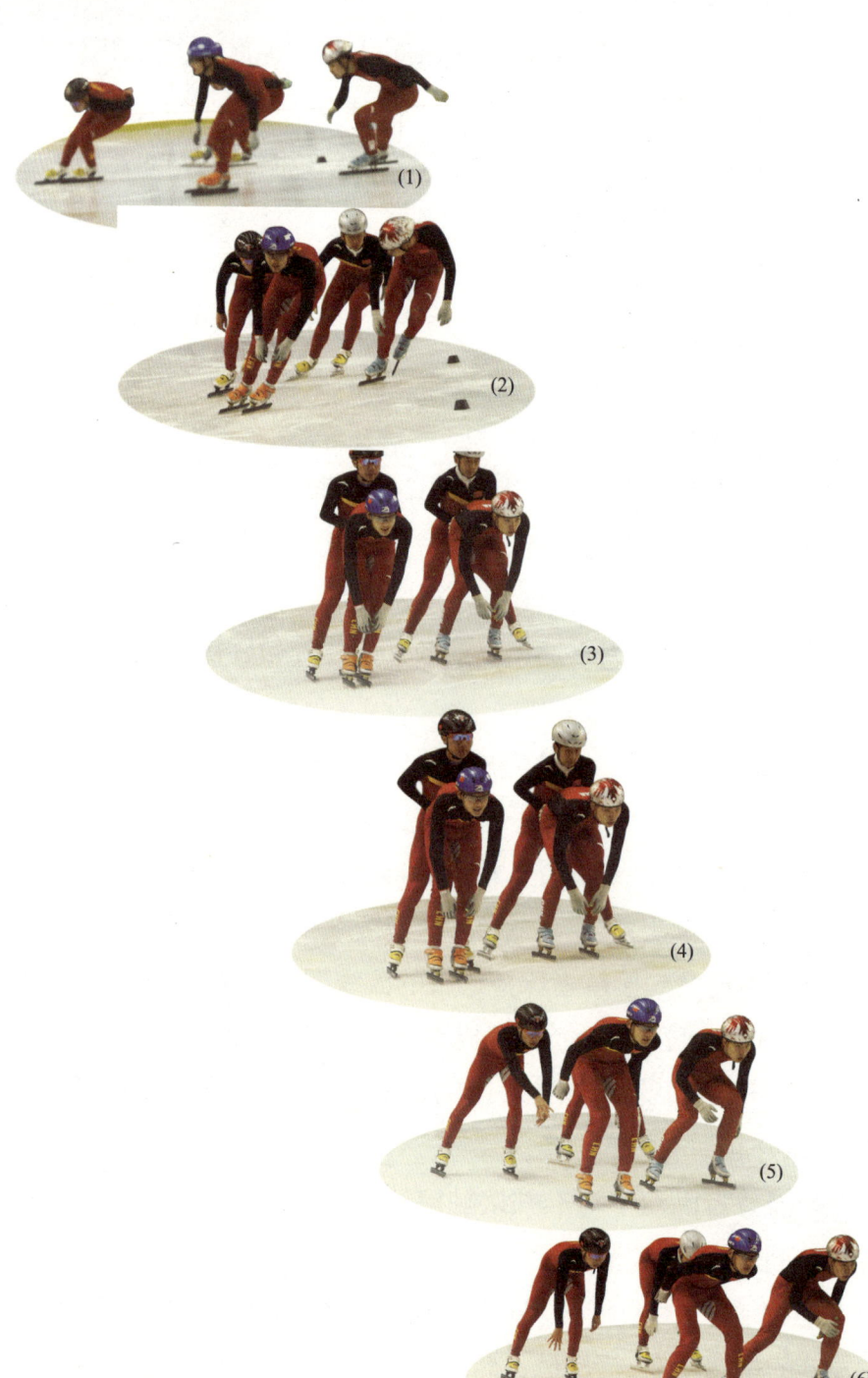

视频 5-20
接力技术动作

图 5-29　接力技术动作

被接替者在完成推送动作后,身体重心落在双脚冰刀上,保持平衡向前自由滑行。注意不要突然变线或停止,以免妨碍其他队员的滑行。

练习方法:

① 在冰上慢、中、快速滑行中进行推人练习,被推者按要求采用不同速度滑行。

② 以中等或快速滑行在接力区进行交接棒练习。

③ 模拟练习。3~4个队一组,重点模拟直道区域出现意外情况的补救,保护队员以最快的速度与摔倒队员进行交接棒完成接力动作;3~4个队一组,模拟弯道区域出现意外情况的补救,保护队员以最快的速度与摔倒队员进行交接棒完成接力动作。

常见的错误动作及改进方法:

① 推进的方向和部位不准确,造成接替者失去重心摔倒,如推动时下压力量过大、双臂用力不均匀或推动方向偏离自己滑行的方向等。改进以上动作多借助语言提示,如"用力方向准确""发力突然""注意双手接触部位"等。

② 只用伸臂完成推进动作,导致推进力过小。这种错误往往是由于被接替者身体姿势的错误造成的,如髋关节弯曲角度过大、蹲屈过深等。改进此动作,可提示被接替者推动前充分做好缓冲动作,包括推进前身体姿势的准备,以利于下肢的发力。

③ 接替者与被接替者配合不协调。主要原因是两人滑行速度没有掌握好,出现接替者滑速过快或被接替者滑行路线判断不准确,以及由于场上干扰造成滑行路线改变等。改进的方法主要是加强配合练习,注意提示接力时两者滑行速度的配合和滑行路线的判断。

(6) **超越技术**(图 5-30、图 5-31)。超越技术是比赛制胜的关键。超越按主要区域分为入弯道、弯道弧顶、出弯道的内侧和外侧超越等。

(1)

(2)

视频 5-21
内侧超越

(3)

(4)

(5)

图 5-30　内侧超越

二、技术练习

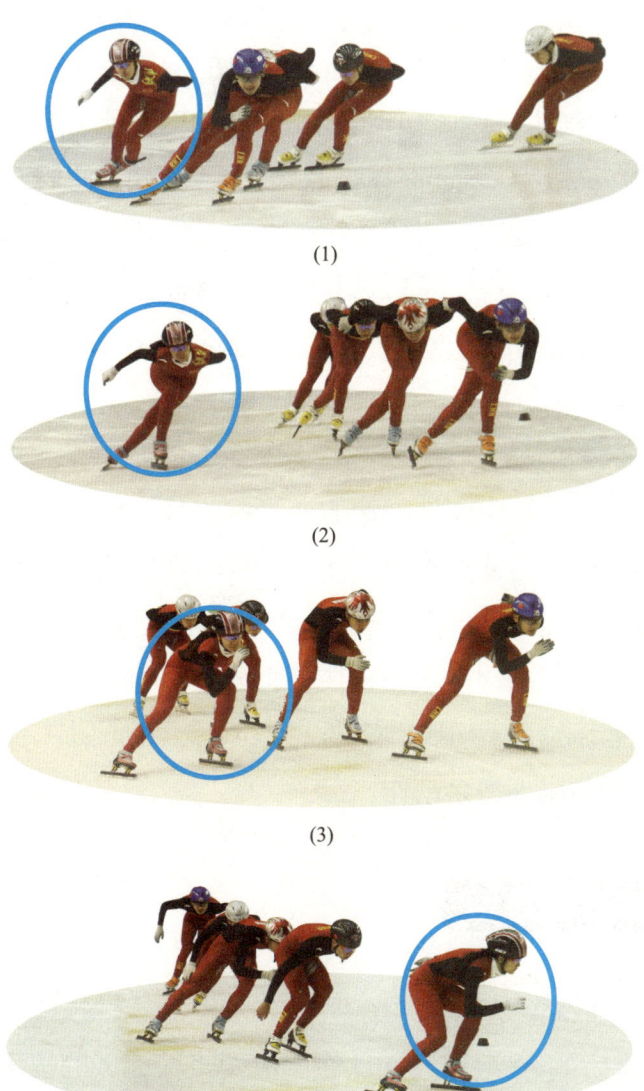

(1)

(2)

(3)

(4)

图 5-31 外侧超越

视频 5-22
外侧超越

练习方法：

① 4~6人一组，根据信号突然起动。内侧超越使用较多。超越者调整好滑行位置，入弯道时，滑行的路线可以离标志点稍远一些，形成一个加速滑行的节奏和路线，出弯道时利用领先队员滑行速度过快不能紧贴标志点内侧出现空隙的瞬间，迅速从领先队员的内侧完成超越。外侧超越多选择在直道处或入弯道前，使用速度和外侧空隙超越。

② 多人一组滑行，超越者利用与对手相反滑步进行超越，练习中必要时练习者可采用两刀不离冰的滑行调整滑步，寻找超越的机会。

常见的错误动作及改进方法：

① 违反滑跑规则突然降速改变滑行路线。纠正此错误动作主要是加强安全教育，认真学习、正确理解并运用规则。

② 超越过程中出现多余动作，如超越过程中伴有手臂、肩、臀、腿部的非正常动作，以及过早向内伸臂改变滑行路线。纠正上述错误动作，应强调滑跑动作的规范性，特别是练习过程中，应充分利用语言提示，避免出现多余动作。

三、专项素质练习

专项素质练习是指在冰场上进行的、发展运动技能结构中最重要的运动素质的练习，以及在比赛中需要直接完成的技术动作的练习。常用方法如下。

(1) **长距离练习**。耐力滑15~25圈，2~3组。练习要求：重复练习，后程可采用变速滑行。

(2) **中短距离练习**。2~3圈、3~5圈、5~8圈组合。练习要求：

要有起跑加速、冲刺等短距离速度训练。

(3) **各单项项目练习**。包括500米、1000米、1500米、3000米、3000米接力、5000米接力。练习要求：根据项目能量消耗特点及个人能力进行模拟比赛练习。

(4) **7圈、13圈等不同圈数的追逐滑**。练习要求：合理分配体能，以最适宜的滑跑路线，保持均匀速度滑完全程。目的是促进练习者速度耐力、领滑能力和跟滑能力的提高，培养个人滑行能力。

(5) **小场地8字滑**(5-32)。练习要求：起速至第一个弯道的最后一个标志块，左脚支撑右脚沿弯道方向连续侧蹬冰；之后双脚蹲成滑行基本姿势向左前侧穿插滑行至第二个弯道的第一个标志块，随后变成由右脚支撑，左脚沿弯道方向连续侧蹬冰至第二个弯道的最后一个标志块，之后向右前侧穿插滑至第一个弯道的第一个标志块，如此反复进行练习。

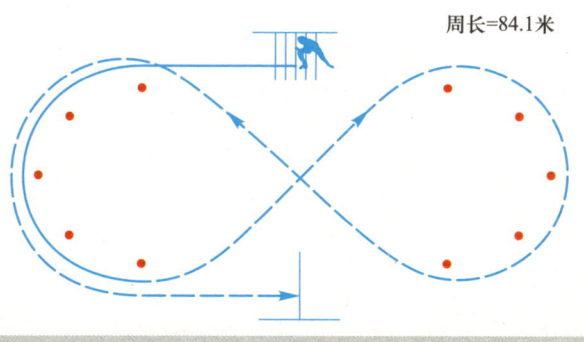

▶ 视频5-23
小场地8字滑

图5-32 小场地8字滑线路图

(6) **眼镜滑行**(5-33)。练习要求：起跑进入第二个弯道后，左腿支撑滑弧1圈，然后加速滑行到另一个弯道，继续左腿支撑滑弧1圈，随后冲向终点。

视频 5-24
眼镜滑行

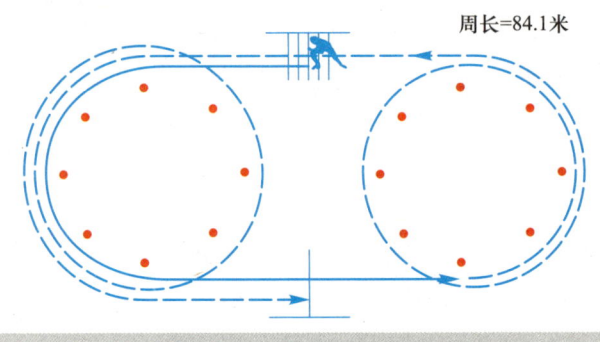

图 5-33　眼镜滑行线路图

视频 5-25
集体滑行

(7) **集体滑行**。练习要求：一列纵队尾随滑行，领滑队员滑行技术及能力要全面，跟滑队员节奏、步幅尽量跟领滑队员一致，要控制好整个滑行的节奏，技术动作保持规范不变形。

第六章
比赛规则

- 一、主要规则
- 二、违规行为
- 三、比赛时间估算方法

总则：参赛队员在比赛过程中应诚实、光明正大、安全地进行竞赛，依靠实力决定比赛的成绩。

一、主要规则

1. 个人比赛规则

（1）滑行均为逆时针滑跑，即跑道的内侧是在运动员或接力队的左侧。

（2）无论何时都允许超越。但是当两名队员或接力队彼此平行时，如果被超越者没有不当行为，任何阻挡和碰撞都由超越者负责。

（3）当运动员或接力队被扣一圈时，运动员或接力队可以继续比赛，但要在跑道外侧滑行，不能妨碍其他运动员。

（4）如果运动员或接力队被扣两圈，该运动员或接力队应退出比赛，除非还有其他运动员或接力队与其非常接近。退出比赛的运动员或接力队按照规则将被视为没有完成比赛。如果裁判长认为运动员或接力队是由于自身不可控制的原因而未能完成比赛，裁判长可以宣布该运动员或接力队完成比赛，但没有比赛成绩。

（5）在500米、1000米、1500米三项比赛中，按照报名人数进行资格赛，如预赛、1/4决赛、半决赛。通过这些比赛按照规则确定进入决赛的人选。3000米在全能比赛中只作为决定全能成绩的超级决赛进行。

（6）运动员在同一起跑线上起跑出发，首轮比赛的站位通过抽签决定，其后各轮次均按照上一轮比赛成绩分配道次，成绩优者排在内道。

（7）运动员或接力队的队员冰刀刀尖触及终点线时即为完成

比赛。

（8）在国际滑联比赛和奥林匹克冬季运动会中，同一会员国的所有运动员必须统一着装。在比赛服两小腿外侧显示国家的名称或缩写，字高不得小于 5 厘米。比赛服和准备活动热身服上可以有运动员的名字；由国际滑联或奥林匹克冬季运动会组委会提供颜色分明、清晰标明运动员号码的头盔罩。

（9）自第一天赛前训练开始至全部比赛结束，赛场必须配备急救器材和救护车。

2. 接力比赛规则

（1）比赛队最多运动员数量如下：冬奥会、世界锦标赛 5 人，世界杯赛 5 人，世界青少年锦标赛 4 人，欧洲锦标赛 5 人；每场比赛必须有任意 4 名运动员上场参赛。

（2）一个队的全体队员应穿着一致。不执行本规则的队可被驱逐出比赛。

（3）接力采用接触方式，即运动员在未被接触前，仍处于比赛中，接替队员在未接触或未被接触到正在比赛的运动员时，该队员没有处于比赛中。

（4）除最后两圈外，运动员可在任何时候接替。最后两圈必须由一名运动员滑跑完成。在最后第三圈开始时，应鸣枪告示。

（5）如果运动员在最后两圈中摔倒，可以由其他队员接替。

二、违规行为

（1）缩短距离：以一只或两只冰刀滑跑到跑道标志块标示的弯道左侧。

（2）碰撞：故意用身体任何部位妨碍、推拉、撞击、阻挡其他比赛的运动员。横穿跑道干扰其他运动员，故意引起身体接触。

（3）援助：每一名运动员应独立竞争，任何来自其他运动员的援助将会引起该运动员或其所在的接力队受到处罚。本条不适用于接力比赛中运动员推同队队员的行为。

（4）危险动作：在比赛过程或终点冲刺中，故意踢出冰刀造成危险，或在终点冲刺中将身体摔过终点线。

（5）接力比赛中接替时没有接触或接触不明显。

三、比赛时间估算方法

编排竞赛日程的主要依据是报名参赛的运动员人数和各项比赛所需要的时间，各项竞赛时间的计算方法为：

一个轮次的比赛时间 = 该项每组比赛时间 × 该轮次比赛组数

每组比赛的时间 = 发令准备时间 + 运动员滑跑时间 + 裁判长判罚时间

各项比赛估算时间：500 米每组约 3 分钟，1000 米每组约 4 分钟，1500 米每组约 5 分钟。

准备活动及浇冰时间：准备活动 15 分钟，全场浇冰 15 分钟，浇跑道 10 分钟。

两轮比赛之间应保证运动员休息 15~20 分钟。

第七章

趣味性游戏

- 一、传球接力
- 二、步调一致
- 三、猫捉老鼠
- 四、小场地8字滑
- 五、眼镜滑行

游戏可提高练习者主动参与练习的积极性、创造性、团队意识及综合素质水平。以下趣味游戏可用于陆上练习也可用于冰上练习。

一、传球接力

练习者按水平分成两组，首先带球绕过不同间隔距离的若干个标志点，然后急停将球安全放置在指定的位置，继续绕过设置的障碍物按标志点原路线返回。目的是提高练习者的灵活性及运用冰刀内刃、平刃、外刃和急停的能力。

二、步调一致

练习者按水平平均分配排成两路纵队，每队选出一名队长，后面练习者手扶前面练习者腰部，由队长指挥统一步调跑或滑到规定的距离，以最后一名练习者率先到达终点为胜队。目的是发展练习者的动作协调性，培养团队意识。

三、猫捉老鼠

练习者按身高排成两列横队，两队队员相对而立，手臂对手臂成拱形。"猫"和"老鼠"分别立于队首和队尾，同时出发，"老鼠"沿逆时针或顺时针方向滑跑或钻入拱形洞内，"猫"追逐，设法捉住"老鼠"。目的是培养练习者反应速度及灵敏性。

四、小场地 8 字滑

分成若干队，每队 4 人，从 500 米起点线出发，滑行出第一个弯道后，沿左侧向内斜线方向滑入第二个反弯道，由右脚支撑滑行两个以上复步的反弯道后（反弯道滑行时不得少于两复步，练习者每少滑行一复步加时 1 秒钟），向对角方向滑入正弯道，出弯道后冲刺通过终点线。每侧弯道场地由 5 个标志块组成。线路图同图 5-32。运动员沿弯道外侧滑行，从标志块内侧滑过即为缩短距离，视为犯规。以计时成绩排定名次。

五、眼镜滑行

分成若干队，每队 4 人，从 500 米起点线出发，滑行至第二个弯道，沿圆形场地滑行一圈半；再继续沿直线滑行至下一弯道，继续沿圆形场地滑行一圈半后，出弯在直道段进行接力，每侧弯道圆形场地由 8 个标志块和其下方的圆形冰面标志点组成。线路图同图 5-33。运动员沿弯道外侧滑行，从标志块或标志点内侧滑过即为缩短距离，视为犯规。以计时成绩排定名次。

附录

短道速滑全国纪录与冬奥会纪录

附录 短道速滑全国纪录与冬奥会纪录

附表-1 短道速滑全国纪录

项目	成绩	创造者	比赛名称	时间	地点
男子500米	39.584	武大靖	2018年平昌冬季奥运会	2018年2月22日	韩国平昌
男子1000米	1:23.380	武大靖	2017—2018赛季短道速滑世界杯	2017年11月12日	中国上海
男子1500米	2:09.995	宋伟龙	2011—2012赛季短道速滑世界杯	2012年12月10日	中国上海
男子5000米接力	6:36.605	武大靖,韩天宇,任子威,徐宏志	2018年平昌冬季奥运会	2018年2月22日	韩国平昌
女子500米	42.504	范可新	2014—2015赛季短道速滑世界杯	2014年11月9日	美国盐湖城
女子1000米	1:28.742	周洋	第十三届冬季运动会	2016年1月22日	中国乌鲁木齐
女子1500米	2:16.024	范可新	第十三届冬季运动会	2016年1月21日	中国乌鲁木齐
女子3000米接力	4:06.610	周洋,孙琳琳,张会,王濛	2018年平昌冬季奥运会	2018年2月10日	韩国平昌

附表-2　短道速滑冬奥会纪录

项目	成绩	创造者/代表队	国籍	时间	地点
男子 500 米	39.584	武大靖	中国	2018 年 2 月 22 日	韩国平昌
男子 1000 米	1:23.407	CharlesHamelin	加拿大	2018 年 2 月 13 日	韩国平昌
男子 1500 米	2:10.949	Lee Jung-SU	韩国	2010 年 2 月 13 日	加拿大温哥华
男子 5000 米接力	6:31.971	匈牙利	匈牙利	2018 年 2 月 22 日	韩国平昌
女子 500 米	42.870	Choi Minjeong	韩国	2018 年 2 月 10 日	韩国平昌
女子 1000 米	1:28.771	Valnie Maltais	韩国	2014 年 2 月 18 日	俄罗斯索契
女子 1500 米	2:16.993	周洋	中国	2010 年 2 月 20 日	加拿大温哥华
女子 3000 米接力	4:03.471	荷兰	荷兰	2018 年 2 月 20 日	韩国平昌

郑重声明

高等教育出版社依法对本书享有专有出版权。任何未经许可的复制、销售行为均违反《中华人民共和国著作权法》，其行为人将承担相应的民事责任和行政责任；构成犯罪的，将被依法追究刑事责任。为了维护市场秩序，保护读者的合法权益，避免读者误用盗版书造成不良后果，我社将配合行政执法部门和司法机关对违法犯罪的单位和个人进行严厉打击。社会各界人士如发现上述侵权行为，希望及时举报，本社将奖励举报有功人员。

反盗版举报电话　（010）58581999　58582371　58582488
反盗版举报传真　（010）82086060
反盗版举报邮箱　dd@hep.com.cn
通信地址　北京市西城区德外大街4号
　　　　　高等教育出版社法律事务与版权管理部
邮政编码　100120

内容提要

《青少年冰雪运动推广丛书》以奥林匹克冬季运动会15个大项为主要编写内容。丛书应用数字技术，通过简要文字阐述、大量动作图片展示和视频示范等方式，向零基础的青少年普及冰雪运动知识，满足青少年了解、欣赏和学习冬奥会项目的需求。本书为丛书之一，介绍了短道速滑项目，内容包括认识短道速滑，场地、装备与器材，练习方法及安全教育，陆上练习，冰上练习，比赛规则，趣味性游戏。读者可以通过阅读本书了解项目发展概况，学会欣赏项目，并根据书中讲述，在教师指导下进行基本的技术动作练习。本书适于青少年及零基础爱好者使用。

图书在版编目（CIP）数据

短道速滑 / 陈文红主编；哈尔滨体育学院组编. -- 北京：高等教育出版社，2018.6
（青少年冰雪运动推广丛书 / 朱志强主编）
ISBN 978-7-04-049764-9

Ⅰ. ①短… Ⅱ. ①陈… ②哈… Ⅲ. ①短跑道速度滑冰-青少年读物 Ⅳ. ①G862.1-49

中国版本图书馆CIP数据核字(2018)第088768号

| 策划编辑 | 姚云云 | 责任编辑 | 姚云云 | 封面设计 | 姜 磊 | 版式设计 | 于 婕 |
| 插图绘制 | 于 博 | 责任校对 | 胡美萍 | 责任印制 | 耿 轩 | | |

出版发行	高等教育出版社	网 址	http://www.hep.edu.cn
社 址	北京市西城区德外大街4号		http://www.hep.com.cn
邮政编码	100120	网上订购	http://www.hepmall.com.cn
印 刷	北京鑫海金澳胶印有限公司		http://www.hepmall.com
开 本	787 mm×960 mm 1/16		http://www.hepmall.cn
印 张	7		
字 数	80 千字	版 次	2018年6月第1版
购书热线	010-58581118	印 次	2018年6月第1次印刷
咨询电话	400-810-0598	定 价	29.80 元

本书如有缺页、倒页、脱页等质量问题，请到所购图书销售部门联系调换
版权所有　侵权必究
物 料 号　49764-00